AUF DEN PUNKT GEBRACHT

Gerhard Regenthal

ÖFFENTLICHKEITSARBEIT FÜR SCHULEN
auf den Punkt gebracht

debus PÄDAGOGIK

Bibliografische Information der Deutschen Nationalbibliothek

Die Deutsche Nationalbibliothek verzeichnet diese Publikation in der Deutschen Nationalbibliografie; detaillierte bibliografische Daten sind im Internet über http://dnb.d-nb.de abrufbar.

In der Reihe „Auf den Punkt gebracht“ sind bisher erschienen:

Band 1: Hans-Günter Rolff: Schulleitung auf den Punkt gebracht

Band 2: Kurt Edler: Demokratische Resilienz auf den Punkt gebracht

Band 3: Georg Lind: Moralerziehung auf den Punkt gebracht

Band 4: Elmar Philipp: Leitbildentwicklung auf den Punkt gebracht

Band 5: Dieter Vaupel: Wochenplan auf den Punkt gebracht

www.debus-paedagogik.de

www.wochenschau-verlag.de

Programmleitung: Peter E. Kalb
Gesamtherstellung: Wochenschau Verlag

Gedruckt auf chlorfrei gebleichtem Papier
ISBN 978-3-95414-120-3 (Buch)
E-Book ISBN 978-3-95414-121-0 (PDF)

INHALTSVERZEICHNIS

Sie machen immer Öffentlichkeitsarbeit

AUF DEN PUNKT GEBRACHT: ÖFFENTLICHKEITSARBEIT IST EINE GEMEINSAME PRÄSENTATION DER SCHULE

Die Kernkompetenz der Lehrerinnen und Lehrer ist Unterricht und Erziehung. Warum sollten sie auch noch Öffentlichkeitsarbeit machen? Gehört das zu ihren Aufgaben? Das ist doch Sache der Schulleitung – sie vertritt die Schule nach innen und außen. Muss ich das machen?

Ja, Sie machen immer Öffentlichkeitsarbeit – meistens nur nicht bewusst und gezielt: (Watzlawick: Man kann nicht nicht kommunizieren) So, wie Sie sich verhalten. So, wie sich mit Ihren Projekten auf Ihrer Homepage präsentieren und in der Zeitung stehen. So, wie über Sie geredet wird und Ihre Schule und Ihre pädagogische Arbeit eingeschätzt wird. Viele Schulen machen engagiert viele Projekte und verzetteln sich dabei. Viele unterschiedliche Wirkungen schaffen aber kein klares Profil. Es geht um die wertige Anerkennung Ihrer Arbeit und das Image Ihrer Schule – und natürlich auch um die Anmeldungen. Schulen stehen immer im Vergleich. Die Profilierung Ihrer Schule ist eine gemeinsame Herausforderung – es geht um gemeinsame Ziele und Prozesse. Alle Kolleginnen und Kollegen sollten dabei Ihre Vorstellungen und Interessen einbringen können. Denn letztlich verändert eine gemeinsame Profilierung der Schule auch die interne Zusammenarbeit. Es geht nicht um zusätzliche Aufgaben und Belastungen – es geht um Ihre besondere Identität. Die neuen Herausforderungen für die Zukunft, die veränderten Rollenbilder von Schulleitung und Kollegium sowie die gestiegenen Anforderungen der Eltern „verlangen“ ein Umdenken. Öffentlichkeitsarbeit richtig verstanden, ist keine billige Reklame oder kein blinder

Aktionismus (mal schnell in die Zeitung kommen). Professionelle Öffentlichkeitsarbeit verbindet nach innen und außen alles miteinander und ist ein gemeinsamer Schulentwicklungsprozess. Für Sie ist es auch eine Chance, sich motiviert in das Schulgeschehen einbringen zu können und ev. auch ein neues Betätigungsfeld zu finden: In einem Team sich als Beauftragte für Öffentlichkeitsarbeit zu engagieren – für Ihre persönliche Kompetenzentwicklung. Öffentlichkeitsarbeit ist letztlich eine Frage der Einstellung zur Schule, wie Sie Ihre Verantwortung sehen und entsprechend handeln!

Abwarten – reagieren – oder agieren und selbst gestalten? Machen Sie sich auf den Weg ...

Zu welcher Art Schule gehören Sie?

- Es gibt Schulen, die sich dafür engagieren, dass sich Schulen profilieren.
- Es gibt Schulen, die abwarten, ob sich Schulen profilieren.
- Es gibt Schulen, die sich wundern, dass sich Schulen profilieren.

Für wen ist dieses Buch gedacht?
Für alle, die sich für dieses Thema interessieren und eine professionelle Öffentlichkeitsarbeit machen wollen – Schulleitung, Beauftragte für Öffentlichkeitsarbeit, Lehrerinnen und Lehrer ... Es soll Ihnen einen konzentrierten Überblick als Einstieg geben für einen Themenbereich, der Schule verändern kann. Weitere Vertiefungen und Ergänzungen sollten durch Weiterbildungen und Fachbücher erfolgen. Ihnen viel Freude beim Lesen und inspirierende Impulse ...

Gerhard Regenthal
Corporate Identity Akademie Braunschweig

„Nur wenn es innen glänzt, kann es außen funkeln." Schülerin im Betriebspraktikum auf die Frage, was Corporate Identity sei.

WAS IST ÖFFENTLICHKEITSARBEIT? ANSÄTZE, OPERATIONALISIERUNG, ZIELE

Öffentlichkeitsarbeit beginnt mit Fragen:
„Wer sind wir? Was ist uns wichtig? Was ist unser besonderes Profil? Wo wollen wir in drei Jahren sein? Welche gemeinsamen Ziele haben wir?"

Beginnen Sie damit, Ihr Selbstverständnis gemeinsam als Antworten auf diese Fragen zu formulieren, um entsprechend dieser Identität Ihre Arbeitsweise effektiv und effizient auszurichten und Ihre Imagebildung anzugehen – ohne dass es billige Reklame wird. Öffentlichkeitsarbeit macht Ihre unbewusste Schulkultur bewusst (vgl. Abb. 1) und damit gestaltbar und schafft Grundlagen und Vorgehensweisen, um schulspezifisch Ihre Stärken zu verdeutlichen und bewusster und gezielter umzusetzen. Gerade Schulen mit ihren vielen verschiedenen Angeboten können sich leicht verzetteln und in ihren Wirkungen behindern – es fehlt die gemeinsame und vernetzte Ausrichtung aller Maßnahmen und Projekte. Schule profilieren beginnt mit der Schulprogramm-/ Leitbildentwicklung.

Warum brauchen wir Öffentlichkeitsarbeit überhaupt?

Sie brauchen gar keine Öffentlichkeitsarbeit zu machen. Sie machen immer Öffentlichkeitsarbeit. Es läuft von ganz allein: die Schüler und Eltern machen sich ein Bild von Ihrer Schule, reden mit anderen über ihre Einschätzungen und so bekommen Sie Ihr Image zugeschrieben. Man kann eben nicht nicht kommunizieren (Watzlawick).

Öffentlichkeitsarbeit ist nicht:

- allein nur auf die Unterrichtsqualität zu setzen (= reine „Produkt-/Sachorientierung")
- reine Imagedarstellung, PR, Reklame und Werbung (= falsches Verständnis, Vorurteile)
- vereinzelte und isolierte Presseberichte (= reine Berichterstattung)
- nur eine Homepage haben (= notwendige Informationen)
- dass der Schulleiter interessierte Eltern informiert (= notwendige Präsentation der schulischen Angebote)
- wenn Sie als eine schlechte Schule mit einem uneinigen Kollegium dennoch versuchen, sich gut zu „verkaufen" (= aufgesetzte „billige Reklame" – die kontraproduktiv ist)

„Die Schule ist aber viel besser!" – Schulen stehen schon immer in einem Wettbewerb – und in Zukunft wird das noch viel mehr der Fall sein! Im Wettbewerb zu stehen heißt, sich zu vergleichen, verglichen zu werden und sich mit anderen messen zu müssen. Ob bei den Schüleranmeldungen, den Schulträgern in Bezug auf Zuwendungen und Ausstattungen – Schulen stehen ständig im Wettbewerb.

Es geht darum, seine Schule gut aussehen zu lassen und ihre Qualitäten und Besonderheiten im Vergleich zu anderen Schulen herauszustellen. Alles eine Frage der Öffentlichkeitsarbeit! Das ist im schulischen Bereich ein „heikles" Thema, da viele Lehrerinnen und Lehrer so eine Denk- und Arbeitsweise aus der Wirtschaft ablehnen – und das erfordert eine grundlegende Klärung und Akzeptanzbildung im Kollegium.

In der Imageforschung hat man durch Untersuchungen festgestellt, dass sich eine gute Erscheinung, z. B. eine gute Unternehmenspräsentation positiv auf die Qualitätseinschätzungen auswirkt. So trifft es auch für Schulen zu. Sie können jetzt entscheiden, wie Sie damit umgehen wollen:

1. Alles so lassen und nichts tun: „Wir machen guten Unterricht und werden uns nicht wie ein Profit-Unternehmen in Konkurrenzstreit begeben! Das haben wir nicht nötig!"
2. Wir reagieren – „laufen hinterher" und versuchen möglichst noch „einiges zu retten!" oder

Warum brauchen wir Öffentlichkeitsarbeit?

Grundlage für eine Profilierung nach innen und außen ist die Identität als das gemeinsame entwickelte Leitbild einer Schule (Schulentwicklungsprozess). Das Leitbild als Grundlage eines Gesamtkonzeptes ist die Vision der Schule, das Selbstverständnis, die Basis für alle Entscheidungen und vernetzt alle Teilkonzepte. Es erhöht die Identifikation der Mitarbeiter, schärft das Profil im Wettbewerb (Alleinstellung / Marke) und schafft einen verbindlichen Handlungsrahmen für das gemeinsame Arbeiten zur besseren Vernetzung und Koordination aller Maßnahmen - was letztlich zur Qualitäts- und Leistungsverbesserung führt. Das Ziel ist eine möglichst große Schnittmenge von Identität, Arbeit und Image. Das auch nach außen authentisch zu präsentieren, ist professionelle Öffentlichkeitsarbeit.

Abb. 1: Warum brauchen wir Öffentlichkeitsarbeit?

3. „Wir stellen uns den Herausforderungen und werden uns gemeinsam gezielt als eine besondere Schulmarke präsentieren!“

Wenn Sie sich für die ersten beiden Ansichten entscheiden, brauchen Sie keine Öffentlichkeitsarbeit – Sie sollten sich aber nicht wundern, wenn es Ihrer Schule „schlecht ergeht“.

Einer der größten Irrtümer in der Öffentlichkeitsarbeit ist es, zu glauben, Menschen überzeugen zu können sowie eine Identität und ein Image aufzubauen durch sachliche Informationen und vereinzelte Berichterstattungen.

Warum brauchen Schulen eine professionelle und profilbildende Öffentlichkeitsarbeit?

- Verstärkung der Motivation aller in der Schulgemeinde durch Identifikation mit der Schule; Verbundenheit, Vertrauensbildung, Verantwortungsgefühl steigt. Jeder denkt mit!
- Wertiges Herausheben Ihrer schulischen Arbeit – Lob und Anerkennung!
- Erfolgreiche Positionierung im Schulwettbewerb, gutes Schulmarketing, Profilierung und Markenbildung, gutes Ansehen und gutes Image!
- Gemeinsame Gestaltung der Zukunft, Zukunftssicherung, Sicherheit durch Positionierung.
- Gezielte Verbesserungen, Anstieg und Sicherung der Qualität, Innovationen.
- Strukturierte, klare Prozesse für die Schulentwicklung und Schulprogrammarbeit.
- Effektive Vernetzung aller Maßnahmen und Projekte – dadurch verstärkte, synergetische Wirkungen.
- Effizienter Ressourcen-Einsatz, Konzentration aller Mittel, weniger Doppelarbeit, Entlastungen.
- Begeisterung der Eltern und Schüler, größere Zufriedenheit durch Verlässlichkeit und Nachhaltigkeit – bessere Anmeldezahlen.

- Neue gute Kolleginnen und Kollegen finden, gezielte Personalentwicklung.

Für die Schule werden dadurch der große Vorteil und die Notwendigkeit zur Öffentlichkeitsarbeit offensichtlich. Was aber haben Eltern, Schüler, das Kollegium, die Schulleitung davon, wenn die Schule in der Öffentlichkeit gut dasteht?

Tipp: Machen Sie sich doch mal für sich die Vorteile und den Nutzen einer professionellen Öffentlichkeitsarbeit bewusst. So werden die Motivationsgrundlagen bewusst – und gleichzeitig die zentrale Frage nach dem „Warum?" geklärt. Viele Nutzen sind für die einzelnen Zielgruppen unterschiedlich, aber viele Nutzen sind auch ähnlich und bestärken die Zusammenarbeit bei dem gemeinsamen Prozess der Öffentlichkeitsarbeit. Diese Anreize und Vorteile für die einzelnen Gruppen bewusst zu machen und herauszustellen ist Aufgabe der Schulleitung und hilft bei der Akzeptanzbildung für den gemeinsamen Schulentwicklungsprozess. Diese Übersicht können Sie dazu gut benutzen und auch selbst noch genauer an Ihre schulische Situation anpassen. Alle Inhalte sind nur Vorschläge und Impulse, um den eigentlichen Nutzen für sich zu entdecken ...

Öffentlichkeitsarbeit – Was bringt uns das? (Nutzen für alle) **© Regenthal**

Nutzen für die Schulleitung	Nutzen für das Kollegium	Nutzen für die Eltern	Nutzen für die Schüler	Wichtige Vorteile für uns: ... ...
Strategische Ausrichtung der Schule, Aufgabe der Schulleitung	Entlastung durch gemeinsame Ziele, Konzentration der Ressourcen	Klare Entscheidungsmöglichkeit und mehr Zufriedenheit, weniger Stress	Gezielte Wahlmöglichkeit für eigene Schwerpunkte	*z. B. Besondere Sprachenförderung durch Netzwerke an unserer Schule*
Beteiligung, Motivation des Kollegiums am Schulentwicklungsprozess	Kolleg. Interessen und Kompetenzen einbringen, Motivation	Eltern-Interessen, Kompetenzen einbringen, Identifikation mit der Schule	Schüler-Interessen, Kompetenzen einbringen, Identifikation mit der Schule	*z. B. Viele Neue im Kollegium, „ziehen an einem Strang in eine Richtung"*

Nutzen für die Schulleitung	**Nutzen für das Kollegium**	**Nutzen für die Eltern**	**Nutzen für die Schüler**	**Wichtige Vorteile für uns: ... ...**
Professionalisierung der Arbeitsweise der Schulleitung	Bessere Schulorganisation, klare Strukturen, Entlastungen	Verlässliche Angebote und Abläufe	Transparente Übersicht, Konzentration auf Unterricht	*z. B. Weniger Doppelarbeit und Verzettelungen, Probleme ...*
Entlastung durch Delegationsmöglichkeiten und Arbeitsteilung, Personalentwicklung	Sinnvoller Kompetenzeneinsatz, Spezialisierung, Anreize, Motivation zur Weiterentwicklung	Klare Zuständigkeiten	Klare Zuständigkeiten und Ansprechpartner	*z. B. Neue Beförderungsstellen gezielt besetzen*
Durch gemeinsame Zielsetzungen klare Arbeitsstrukturen und RessourcenKonzentration	Klare gemeinsame Orientierung, weniger Verzettelungen	Verständnis, Unterstützung und Identifikation möglich sowie Absprachen	Beteiligung und Mitarbeit möglich, klare Orientierung	*z. B. Viele Neue: Wechsel und Übergang im Kollegium leichter*
Vernetzung aller Maßnahmen nach innen und außen durch Gesamtkonzept der Schule	Konzentration auf das Wesentliche und weniger Verzettelung	Transparente und abgestimmte Projekte	Vielfältiges gutes Angebot zur Auswahl	*z. B. Mit Gesamtkonzept gut aufgestellt für die Zukunft*
Bessere Motivation und Identitätsstiftung aller Beteiligten	Wir-Gefühl wird verstärkt, Zusammenarbeit verbessert	Vertrauen und Verlässlichkeit verbessern Kooperation	Vertrauen und Verlässlichkeit verbessern Zusammenarbeit	*z. B. Schule macht allen Beteiligten Freude*
Bessere Qualität bei Prozessen und Ergebnissen	Gemeinsame Erfolgserlebnisse, Motivation	Zufriedenheit mit Schule besser	Zufriedenheit mit Schule besser	*z. B. Keine Angst vor Fremdevaluationen*
Gutes Ansehen bei Kollegen, schulischen Ämtern und Kooperationspartnern	Besseres Ansehen der päd. Arbeit und mehr Unterstützungen	Bessere Angebote möglich	Bessere Angebote möglich	*z. B. Gute neue Kollegen kommen unser AG-Angebot wird vielfältiger*

Nutzen für die Schulleitung	**Nutzen für das Kollegium**	**Nutzen für die Eltern**	**Nutzen für die Schüler**	**Wichtige Vorteile für uns: ... ...**
Sicherung und Profilierung der Schule für die Zukunft	Sichere Perspektive für die Schule und wertige Anerkennung der Arbeit	Zufriedenheit mit der Schule schafft Sicherheit und Ruhe auch in der Familie	Durch gute Entwicklung der Schule Bestärkung der eigenen Leistungen	*z. B. Neue Schulart in unserer Nähe wird kommen – wir sind gewappnet!*
Gesamt-Nutzen: Stärkung der Schulleitungsrolle und mehr Zufriedenheit	Wertige Anerkennung der gemeinsamen Arbeit bringt Stärkung des Kollegiums	Stärkung der Interessen und der Verbundenheit mit der Schule	Durch die Identifikation mit der Schule Anreiz für verstärktes Engagement	*z. B. Stärkung des Selbstbewusstseins, der Identifikation und des Wir-Gefühls aller*

Abb. 2: Öffentlichkeitsarbeit – Was bringt uns das?

Schulen brauchen eine strategische Öffentlichkeitsarbeit

Jede Schule hat ganz unterschiedliche Vorstellungen von Öffentlichkeitsarbeit. Viele beschränken sich auf die nur informierenden Aspekte und nur ganz wenige haben ein wirklich professionelles Konzept für Öffentlichkeitsarbeit. Dahinter „verstecken" sich die unterschiedlichen Auffassungen und die sollten bewusst gemacht werden. Dann wird auch klar, warum es so verschiedene Arten von Öffentlichkeitsarbeit gibt und warum die Wünsche/Erwartungen und die Realität in den Schulen so auseinandergehen. (vgl. dazu Abb. 3)

Nur eine genaue Definition der Öffentlichkeitsarbeit schafft klare Zielsetzungen und Ergebnisse.

Notwendig ist eine strategische (strategisch, d. h. mit klarer Absicht und Ausrichtung) **Öffentlichkeitsarbeit**, denn sie

- verbindet ganzheitlich alle vorhergehenden Ansätze und deren Vorteile,
- achtet auf eine durchgängige Professionalität in allen Bereichen,
- ist nach innen und außen ausgerichtet: Identität und Image,
- ist ein gemeinsamer Prozess des Kollegiums, der Akzeptanz, Beteiligung und Engagement erfordert,

- ist in das Schulprogramm/Schul-Gesamt-Konzept integriert, arbeitet nach klaren Zielen und Vorgehensweisen,
- stellt aktuelle Informationen vor, sorgt für ein einheitliches Erscheinungsbild,
- sorgt für die prägnante Profilbildung und Alleinstellung,
- macht eine konsequente Markenbildung für die Schule,
- richtet sich offen aus auf eine Verhaltensveränderung und Meinungsbeeinflussung,
- verbindet Corporate Design, Corporate Communication und Corporate Behavior,
- sorgt für klare Zuständigkeiten und terminliche Verbindlichkeit,
- sorgt für die verlässliche Umsetzung im Schulalltag nach innen und außen,
- arbeitet mit verbindlichen und entlastenden Checklisten und Prozessabläufen,
- sorgt für eine qualitätssichernde nachhaltige Begleitung – ein Controlling,
- ist zukunftsorientiert und nimmt stetig innovative Aspekte auf und
- fasst in einem Teilkonzept zur Öffentlichkeitsarbeit (= Imagekonzept) alle Aspekte, Zielsetzungen und Maßnahmen konzeptionell und zusammen.

Definition nach Regenthal: Die **strategische Öffentlichkeitsarbeit** in den Schulen ist eine konzeptionelle Profilierung der Schule durch gemeinsame Prozesse nach innen und gemeinsame Präsentationen nach außen. Sie kommuniziert die Angebote und Leistungen der Schule aufbauend auf das Schulprogramm/Schulkonzept als bewusste Positionierung der Schule im Schulmarkt (Schulmarketing). Die zwei Zielgrößen der Öffentlichkeitsarbeit sind (1) die Entwicklung der pädagogischen Identität als Selbstverständnis und Basis für das alltägliche Unterrichts- und Schulleben (**Identität**, Leitbildprozess mit Arbeitsprogrammen) und (2) die einheitliche und aufeinander abgestimmte Darstellung und Präsentation dieses Profils mit seinen Leistungen nach außen (**Image**, Bekanntheit, Erscheinungsbild). Dabei muss sie über den informierenden und werbenden Aspekt hinaus, besonders den **handlungsorientierten Aspekt (die Verhaltensveränderung und die Meinungsbeeinflussung)** berücksichtigen, die **Markenbildung** beachten, die gewollten Wirkungen einheitlich gestalten (Corporate Design, Corporate Communication, Corporate Behavior) und auch die **besondere Profilbildung und Alleinstellung**. Grundlage dafür ist ein **identitätsstiftender und qualitätssichernder gemeinsamer Prozess** und ein **Imagekonzept**, das alle Aspekte, Zielsetzungen und Maßnahmen zusammenfasst und verbindet und **in das Gesamtkonzept der Schule integriert ist.**

Tipp: Die ganz verschiedenen Ansätze, Aspekte und Arten von Öffentlichkeitsarbeit für Schulen zeigen die Notwendigkeit der Öffentlichkeitsarbeit nach innen (= Akzeptanz- und Bewusstseinsbildung im Kollegium). Nehmen Sie diese Übersicht (Abb. 3) und fragen Sie als Schulleiter/Verantwortlicher, Interessierter für Öffentlichkeitsarbeit: „In welcher Liga wollen wir spielen?“ Dadurch werden automatisch die Zielsetzungen deutlicher, die Sie dann gemeinsam festlegen können. Professionelle Öffentlichkeitsarbeit beginnt mit der genauen Operationalisierung und der genauen Zielsetzung. Sonst bleiben nur diffuse Wünsche, die wohl nicht in Erfüllung gehen. (z. B. Wir brauchen mehr Anmeldungen – machen aber nur informierende Öffentlichkeitsarbeit)

Ansätze von Öffentlichkeitsarbeit *(„In welcher Liga wollen Sie spielen?")*	**Leitfragen/ Aspekte der Kommunikation**	**Absichten/ Zielsetzung**	**Wirtschaftliche Begriffe**	**Teilbereiche/ Teilaspekte/ Beispiele**
4. **Informierende Öffentlichkeitsarbeit** *(=unterste Liga)*	**Was tun wir alles?** (Inhalts-Aspekt)	Schule präsentieren und Andere informieren	**Reklame**	Informationen über die Arbeit und Projekte geben ...
3. **Werbende Öffentlichkeitsarbeit** *(=dritte Liga)*	**Wie wollen wir gesehen werden?** (Selbstoffenbarungs-Aspekt)	Keine klare Zielsetzung: Schule gutes Ansehen geben, damit viele dazu kommen ...	**Werbung**	Für ein gutes, einladendes und vielfältiges Erscheinungsbild sorgen ...
2. **Handlungsorientierte Öffentlichkeitsarbeit** *(=zweite Liga)*	**Was wollen wir, dass Andere tun?** (Appell-Aspekt)	Zielsetzung: mehr Anmeldungen	**PR** (Meinungsbeeinflussung)	Maßnahmen direkt auf Anmeldungen ausrichten ...
1. **Strategische Öffentlichkeitsarbeit** *(=erste Liga)* **(mit klarer Zielsetzung und Ausrichtung – verbindet ganzheitlich alle vorhergehenden Ansätze) © Regenthal**	**Wie wollen wir unsere Beziehung zu Schülern und Eltern gestalten?** (Beziehungs-Aspekt) *(verbindet alle anderen Ansätze)*	Beziehung verbessern, Vertrauen, Identifikation schaffen, *(und alle anderen Ansätze ganzheitlich miteinander verbinden)*	**Markenbildung, Marketing** *(verbindet alle anderen Ansätze miteinander)*	Teilkonzept für Öffent.-Arbeit, Corporate Communication, Design, Behavior, Profilbildung, Alleinstellung, Markenbildung, Controlling, Qualitätssicherung ...

Abb. 3: Die verschiedenen Ansätze, Aspekte und Arten von Öffentlichkeitsarbeit für Schulen

Welche Ziele können Sie mit einer strategischen Öffentlichkeitsarbeit erreichen?

Sie wollen über die untersten Ansätze hinaus nicht nur informieren und präsentieren – Sie wollen profilieren. Ziel ist es, für ein gutes und profiliertes Image (Alleinstellung und Markenbildung) zu sorgen, dass die Zielgruppen auch aktiv werden und sich für unsere Schule einzusetzen: „Was wollen wir tun und dass andere tun?" (handlungsorientierte Ansatz) und das heißt **Meinungsbeeinflussung, Vertrauen aufbauen und Verhaltensveränderung** (= „Marketing und PR").

Tipp: „Welche weiteren Ziele können und wollen wir mit einer strategischen Öffentlichkeitsarbeit erreichen? Es geht dabei auch um ein „Extra-Plus"! (das Mehr" was Ihre Schule unterscheidet) In der Checkliste Abb. 4 Zielsetzungen zur Orientierung und Bewusstmachung. Sie können diese Vorschläge übernehmen, streichen und durch eigene Zielvorstellungen ergänzen. Die praktischen Umsetzungen können Sie dann direkt angehen durch das Bearbeiten der Spalten „Was tun wir dafür" und „Wer und wann?" „Wir wollen eine gute Homepage haben." ist keine Zielsetzung, sondern eine Umsetzung und/oder ein Unterziel. Finden Sie Ziele, dadurch dass Sie nach dem „Warum?" fragen. Bei der Zielfindung und der Zusammenstellung der einzelnen Ziele kann man sich schnell verzetteln. Achten Sie deshalb darauf, dass Sie die Anzahl der Ziele reduzieren, nach Ober- und Unterzielen, nach Bereichen und in Teilkonzepten ordnen und zusammenfassen. (mehr dazu bei der Zielfindung anschließend)

Ziele einer strategischen Öffentlichkeitsarbeit

Gut wäre ein motivierendes und identitätsstiftendes Schulmotto für die Öffentlichkeitsarbeit: eine gemeinsame Vision, die das Besondere als Profil - wie einen „Slogan" - mit allen Zielen zusammenfasst.

Ziele der Öffentlichkeitsarbeit: Was wollen wir erreichen...	**Was tun wir dafür?**	**Wer? Wann**
Welche Ziele wollen wir mit einer strategischen Öffentlichkeitsarbeit erreichen? (Profil- / Markenbildung / Verhalten / Vertrauen / Identität / Sicherheit / Ansehen / Anerkennung / Stärke...)		
• Wir legen Wert auf unser prägnantes Profil im Bereich XX und XXL und pflegen das als Alleinstellungsmerkmal zur Positionierung und Sicherung unserer Schule im Wettbewerb. • Wir präsentieren unsere Schule als eine starke Marke im Vergleich zu anderen. • Wir pflegen unsere pädagogische Identität für eine engagierte Mitarbeit und zur Identifizierung. • Wir bauen Vertrauen auf und laden ein zu einer guten Zusammenarbeit mit uns. • Wir schaffen durch unsere Öffentlichkeitsarbeit kollegiale Optimierungsprozesse. • Wir verbinden alle Zielsetzungen und Maßnahmen effektiv in unserem Image-Konzept als Teil des Gesamtkonzeptes. • Wir begleiten unsere Öffentlichkeitsarbeit durch ein qualitätssicherndes Controlling.		
• Neue/eigene Zielsetzungen unserer Schule:		

Je mehr Sie erreichen wollen, desto gezielter und mehr müssen Sie tun. Sie müssen entscheiden, was Ihnen ausreicht und was Ihnen wichtig ist. „In welcher Liga wollen Sie sein?" Es ist effektiver, effizienter, sinnvoller und einfacher, wenn Sie Ihre Ziele ganz deutlich formulieren und kommunizieren - letztlich auch viel glaubwürdiger.

Abb. 4: Ziele einer strategischen Öffentlichkeitsarbeit

„Für Wunder muss man beten, für Veränderungen muss man arbeiten.“ Thomas von Aquin

WIE GEHT ÖFFENTLICHKEITSARBEIT? VORGEHEN UND PROZESS

Der Prozess ist wichtiger als das Ergebnis. Das „Wie“ bestimmt das „Was“.

Professionelle Öffentlichkeitsarbeit ist ein gemeinsamer Prozess von innen nach außen. Wie kann man einen gemeinsamen strategischen Schulentwicklungsprozess entwickeln und aufbauen?

Was ist ein strategischer Schulentwicklungsprozess?

Definition nach Regenthal: Schulentwicklung ist die gemeinsame, gesteuerte und gezielt gestaltete Weiterentwicklung der Schule auf einheitliche strategische Ziele hin. Dabei geht es um ganz unterschiedliche Aspekte, die durch einen gemeinsamen Prozess zusammengeführt werden sollen.

Ein Schulentwicklungsprozess für die Öffentlichkeitsarbeit hat fünf Zielsetzungen:

1. Der Prozess verbessert durch Entlastung und Synergieeffekte die **effektive Arbeitsweise**.
2. Der Prozess sorgt für bessere und **gemeinsame Ergebnisse**.
3. Der Prozess sichert die **Nachhaltigkeit der Qualität**.
4. Der Prozess schafft eine **stärkere Identifikation**.
5. Der Prozess stärkt die **Profilierung der Schule**.

Ein guter und nachhaltiger **Prozess braucht dafür sechs Grundlagen**, für die die Schulleitung und/oder die Steuergruppe sorgen muss: (vgl. Abb. 5)

Ohne „Wollen" kein Schulentwicklungs-Prozess...

Auf dem Weg der Qualitätsentwicklung und Veränderung der Strukturen an Schulen ist die entscheidende Frage nach der Motivation für einen gemeinsamen Schulentwicklungsprozess. Nur so werden die erarbeiteten Programme und Konzepte auch wirklich umgesetzt und gelebt. Entscheidend dafür ist nicht die Wissens- und Methodenkompetenz (das „Was? und Wie?"), sie sind nur die Basis und das Handwerkszeug. Entscheidend ist das „Warum?" - dass „Wollen".

Abb. 5: Ohne „Wollen" kein Schulentwicklungsprozess ...

1 WARUM? Verdeutlichen Sie die Beweggründe, Zielsetzungen und *Sinnhaftigkeit*: Prozesse brauchen eine gute motivierende Akzeptanz als Basis für gemeinsame Wege und Veränderungen

2 WAS HAT DAS MIT UNS ZU TUN? Verdeutlichen Sie den *Beziehungsaspekt* zum Prozess: Prozesse brauchen Nähe und Identifikation, damit die Arbeit auch wirklich Freude macht, gut und nachhaltig ist – das ist eigentlich das höchste Ziel

3 WAS? Sorgen Sie für eine hohe *Verständlichkeit*: Prozesse brauchen transparente Grundlagen und eine gemeinsame klare Strategie

4 WIE? Vermitteln Sie die *Machbarkeit*: Prozesse brauchen professionelle Methoden und Arbeitsweisen

5 WER? Sorgen Sie für eine verlässliche *Handlungsorientierung*: Prozesse brauchen ein verlässliches Tun und Umsetzen

6 WIE WEITER? Achten Sie auf Reflexion und *Achtsamkeit*: Prozesse brauchen ein begleitendes Controlling, das das Vorgehen und die Ergebnisse bewusstmacht, achtsam und wertig begleitet.

Wie geht der Prozess zur Öffentlichkeitsarbeit? Es braucht fünf Stufen, die aufeinander aufbauen:

(A) **Akzeptanz und Motivation** schaffen ist die Grundlage, um eine
(B) **Beteiligung** des Kollegiums und ein
(C) **Mitdenken** zu ermöglichen. So werden die Kolleginnen und Kollegen eingeladen zum
(D) **Mitmachen.** Nur so werden neue Aufgaben und Veränderungen wirklich gemeistert. Nur die
(E) **Identifikation** sorgt für gute Konzepte und nachhaltige Ergebnisse, die auch gelebt werden ...

Prozesse sichern eine höhere gemeinsame Qualität der schulischen Arbeit und sorgen gleichzeitig für eine Identifikation. Prozesse haben im Einzelnen folgende Nutzen:

- Ressourcenkonzentration und Entlastungen schaffen,
- Aufgaben und Ziele gemeinsam angehen zur Arbeitsteilung, Stärkung und für bessere Ergebnisse,
- Engagement und Motivation stärken als entscheidende Basis für Qualität,
- Professionalisierung der schulischen Arbeit,
- Verbesserung der Zusammenarbeit, der Teamarbeit und der Kommunikation,
- Mitdenken und Verbesserungsvorschläge ermöglichen,
- Nachhaltige Qualitätssicherung und -verbesserung,
- Gemeinsamkeit und Zusammenhalt stärken,
- Stärkung der Identifikation mit der Schule,
- Imageverbesserung und Profilierung der Schule.

Tipp: Grundlegende Fehler beim Prozess zur Öffentlichkeitsarbeit

Viele Schulen sind wie in einem „Hamsterrad" – sie mühen sich ab, sie drehen sich, kommen aber nicht weiter. Möchten lieber auch in der „Komfortzone" bleiben: „Verbesserungen ja, aber ohne Risiko!" – so ist das Wunschdenken. Es werden immer wieder neue Projekte und Prozesse angefangen, dabei werden aber grundlegende Fehler gemacht. Sie führen zu einem „blinden Aktionismus" und einer Verzettelung, die nur belasten und nicht wirklich sinnvoll, zielführend und wirksam sind.

Grundlegende Prozess-Fehler:

1. Die Einstellung haben, „weitermachen und alles so lassen" – dabei aber zu hoffen, dass es besser wird.
2. Darauf warten, dass wirklich alle 100-Prozent mitmachen.
3. Darauf warten, dass sich „der richtige Zeitpunkt" ergibt – „wir dafür Zeit haben."
4. Die Prozesse werden ohne eine vorbereitende und motivierende Akzeptanzbildung angefangen.
5. Die Schulleitung ordnet den Prozess an. Genauso falsch ist es aber auch, wenn sich die Schulleitung „neutral zurückhält" – sich nicht motiviert einbringt.

6. Die Prozesse werden nicht durch ein beauftragtes Team und mit einem Projektmanagement professionell genug organisiert und gestaltet. (mit Zeiten und Verantwortlichkeiten)
7. Die Prozessabläufe werden nicht richtig beendet – es gibt kein klares Ende mit einem Controlling/einer Soll-Ist-Analyse. „Sie laufen einfach aus ...“
8. Die Einzelprozesse werden nicht mit einem Teilkonzept gefestigt und in ein Gesamtkonzept integriert. („Gefahr der Verzettelung“)
9. Die Ergebnisse werden nicht wertschätzend gewürdigt und als gemeinsame „Schulkultur“ gepflegt.
10. Die Veränderungsprozesse werden nicht weiter in Gang gehalten und in *einen* **K**ontinuierlichen **V**erbesserungs-**P**rozess (**KVP**) überführt.

Erst ein Konzept machen oder lieber direkt mit Maßnahmen beginnen?

Für den Prozess zur Öffentlichkeitsarbeit gibt es grundsätzlich zwei unterschiedliche Vorgehensweisen: (vgl. Abb. 6)

- Wenn Sie einen guten Anlass haben (der auch aus einer Ist-Analyse kommen kann), können Sie direkt **induktiv** beginnen und dann im Laufe des Prozesses später alles in ein Konzept für Öffentlichkeitsarbeit übergehen lassen und zusammenfassen.
- Wenn Sie mit einem Prozess ein gemeinsames Gesamtkonzept entwickeln können (als ein zukunftsorientiertes strukturiertes Schulprogramm), können Sie **deduktiv** vorgehen und daraus ein Teilkonzept für Öffentlichkeitsarbeit ableiten. Daraus ergeben sich dann die einzelnen Schritte und Projekte.

Beide Vorgehensweisen haben Vor- und Nachteile und sollten der Situation der Schule angepasst werden. Letztlich werden die unterschiedlichen Wege dann doch zusammengeführt – Sie können eigentlich gar nichts verkehrt machen. Wichtig ist nur, dass Sie das gemeinsam diskutieren, entscheiden und dann strategisch organisieren und konsequent umsetzen.

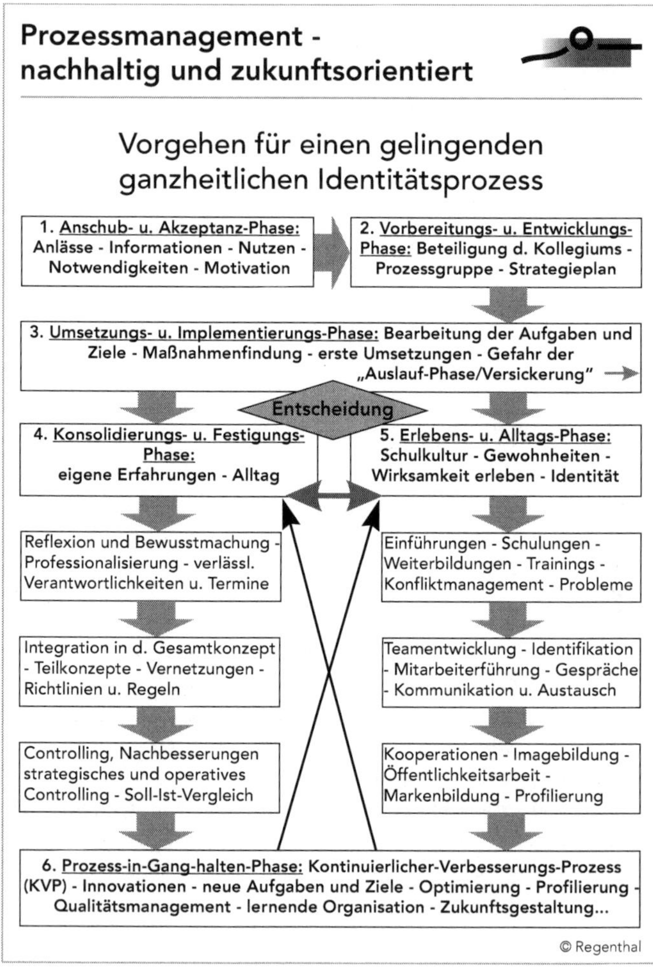

Abb. 6: Prozessmanagement – nachhaltig und zukunftsorientiert

Vorgehen für einen gemeinsch. Schulentwicklungsprozess

Leitfragen Vorgehen	Phasen Schritte	Methoden / Projekte Maßnahmen
Warum?	Akzeptanz-bildung 1	• Päd. Tag/schulint.Lehr.Fortbildg. (SCHILF) • Notwendigkeiten, Nutzen, Akzeptanzbildg. • ABC-Methode, AIDA-Strategie • Persön. Engagement, Ansprache, Beratung • Referenzbeispiele, Anlässe aufnehmen
Wer macht das?	Prozess-gruppe 2	• Beschluss Kollegium, Auftrag, Aufgaben • Mitarbeitergespräche • Teamentwicklungsuhr • Teamentwicklung mit Strategie-Konzept • Teamverhaltsweisen, Arbeitsweisen
Wo stehen wir?	Ist-Analyse 3	• Kartenabfrage, ZUG-Methode • Imageanalysen, Punkt-/Kreuzbewertungen • Spinnenanalyse, Unterspinnen • Stärken - Schwächen - Profile • Befragungen von außen (Aufwand!)
Wohin wollen wir?	Soll-Analyse Visionen 4	• Richtlinien aus Organisationsgrundsätzen • Ziele aus Ist-Analysen, altem Leitbild • Mind-Mapping, ZUG-Methode • Zielfindungspyramide, Leitsätze, Leitziele • Strategische Ziele, Visionen, Rasteranalyse
Wie gehen wir vor?	Prozess Strategie 5	• Kraftfeldanalyse • Bench-Marking, Rasteranalyse • Modellprojekte, Referenzen, Netzwerk • Projektmanagement, Strategieplanung • Anleitungen, Beratungen
Wie gehen wir mit Problemen um?	Konfliktma-nagement 6	• Konfliktmühle, Rasteranalyse • Moderation, Beratung • Besprechung, Konfliktgespräche • Testphase, Erprobung, Reflexion • gemeinsame Konzeptabstimmung
Was haben wir erreicht?	Ergebnis-sicherung 7	• Spinnenanalyse, Unterspinnen, ZUG-Meth. • Delphi-Methode (Fachleute), Fremdbild • Folgenabschätzung, Wirkungen, Reflexion • Dokumentationen, Zwischencontrolling • Projekt-Controlling, Qualitätssicherung
Welche Wirkung hat das?	Nachhaltigkeit Öffentlich-keitsarbeit 8	• Spinnenanalyse, Unterspinnen, ZUG-Meth. • Imagebildung, GIP-Uhr Prozessabläufe • Kommunikation, Zwischencontrolling • Konsequenzen, Durchhalten, Resilienz • Überprüfung der Zielvereinbarungen
Was war gut? Was war schlecht? Was haben wir gelernt?	Controlling Evaluation Qualitätssicherung 9	• Strategisches + operatives Controlling • Controlling-/Qualitätsanzeiger, Ergebnisse • Soll-Ist-Vergleich, Effizienz, Effektivität • Stärken-Schwächen-Analyse, Ausbau • Nachbesserung, Qualit.Handbuch
Was können wir optimieren? Wie geht`s weiter?	Profilierung Innovationen Kooperationen 10	• Reflexion, "Bewusstmachung"/Identität • Erfahrungen, Erkenntnisse, Lern.Organisat. • Netzwerke, Transfer, Teilkonzepte • "Prozess in Gang halten"/KVP/Controlling • Innovationen, neue Ziele, neue Prozesse...

© Regenthal

Abb. 7: Vorgehen für einen gemeinsch. Schulentwicklungsprozess

Vorgehen für einen gemeinsch. Schulentwicklungsprozess

Leitfragen Vorgehen	Phasen Schritte	Methoden/Projekte/Maßnahmen	Wer? Wann?
Warum?	Akzeptanzbildung 1		
Wer macht das?	Prozessgruppe 2		
Wo stehen wir?	Ist-Analyse 3		
Wohin wollen wir?	Soll-Analyse Visionen 4		
Wie gehen wir vor?	Prozess Strategie 5		
Wie gehen wir mit Problemen um?	Konfliktmanagement 6		
Was haben wir erreicht?	Ergebnissicherung 7		
Welche Wirkung hat das?	Nachhaltigkeit Öffentlichkeitsarbeit 8		
Was war gut? Was war schlecht? Was haben wir gelernt?	Controlling Evaluation Qualitätssicherung 9		
Was können wir optimieren? Wie geht`s weiter?	Profilierung Innovationen Kooperationen 10		

Abb. 8: Vorgehen für einen gemeinsch. Schulentwicklungsprozess (Arbeitsblatt)

Professionelles Projektmanagement

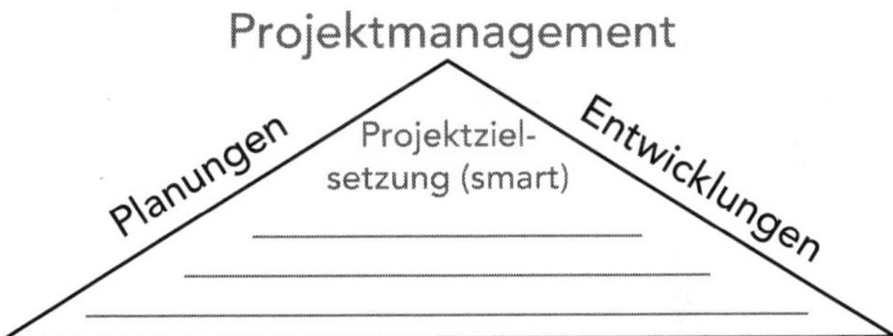

Maßnahmenkonzept (Reihenfolge nach Inhaltsstruktur, Zeit, Prioritäten, Motivation, Lerneffekten, mit Pufferzeiten + Alternativen, nach W-Fragen)

Nr.	Maßnahmen, Aktionen, Schritte Was genau?	Arbeitsbedingung, Ausstattungen, Räumlichkeiten Wo?	Arbeitsmethoden Mittel, Instrument. Womit?	Realisierung bis Wann?	Verantwortl. Wer?	Erledigt Wie?

Vor- und Nachbereitung, Pausen, Höhepunkte, Reflexionen einplanen! © Regenthal

Abb. 9: Professionelles Projektmanagement

Wie müsste ein Schulentwicklungsprozess für die Öffentlichkeitsarbeit eigentlich „richtig" gestaltet werden?

Idealtypischer weise kann man den **Prozess zur Öffentlichkeitsarbeit in sechs Phasen** (vgl. auch Abb. 7 + 8) unterteilen:

1. **Anschub- u. Akzeptanz-Phase**: Anlässe aufnehmen – Informationen geben – Nutzen und Notwendigkeiten aufzeigen – Motivation schaffen ...

   Mögliche **„Akzeptanzbarrieren"** bei Veränderungen und Prozessen:
   - Widerstand aus Unkenntnis: „Nicht-Kennen" – also informieren
   - Widerstand aus Überforderung: „Nicht-Können" – also weiterbilden
   - Widerstand aus Frustration, Verantwortungsdiffusion, Angst vor Verschlechterung: „Nicht-Wollen" – also motivieren
   - Widerstand durch andere Wertvorstellungen: „Nicht-Vertreten" – also diskutieren
   - Widerstände aus persönlichen Ängsten, psychischen Störungen, besonderen persönlichen Situationen: „Nicht-in-der-Lage-sein" – also nicht überfordern
2. **Vorbereitungs- u. Entwicklungs-Phase:** Beteiligung des Kollegiums – Prozessgruppe bilden/beauftragen – festen Strategieplan entwickeln für das weitere Vorgehen ...
3. **Umsetzungs- u. Implementierungs-Phase:** Bearbeitung der Aufgaben und Ziele – Maßnahmenfindung – erste Umsetzungen ...

   Viele Schulen lassen in dieser Phase den Prozess einfach versickern. Hier ist die große Gefahr der **„Auslauf-Phase/Versickerung"** – der angefangene Prozess verliert sich, weil er nicht konsequent weiterverfolgt wird – meistens, weil andere Arbeiten dazu kommen und/oder Vorrang bekommen, die Sinnhaftigkeit verloren geht, keine festen Verantwortlichkeiten und Zeiten festgelegt werden ... Wenn der Schulentwicklungsprozess hier ausläuft, war alles Bisherige umsonst und wieder mal eine Erfahrung, die sich einprägt: „Hat alles wieder nichts gebracht!" und dann einen nächsten Prozess-Start noch mehr beschwert. Diese Verzettelungsgefahr – dieser Aktionismus prägt die ganze Schulkultur und verringert immer mehr die Motivation und verhindert wirkliche Verbesserungen. Es ist also dringend notwendig, schon bei Beginn des Prozesses die verantwortliche Prozess-Steuerung auf die „mögliche Bruchstelle" aufmerksam zu machen, um diese Gefahr zu beachten. Für ein nachhaltiges und zukunftsorientiertes Vorgehen sollten konkret alle sechs Phasen beachtet und gleich fest eingeplant werden. (wie Meilensteine in einem professionellen Prozessmanagement) ...

4. **Konsolidierungs- u. Festigungs-Phase:** Viele Schulen vergessen die folgenden Phasen einfach und planen sie nicht mit ein – dabei sind sie ganz entscheidend für den eigentlichen Erfolg des Prozesses. Wie bei jedem Lernprozess muss das Erlernte gefestigt werden. Es geht um eigene Erfahrungen – Einbringung in den Alltag – Reflexion und Bewusstmachung des Prozesses und der Ergebnisse – Professionalisierung der Arbeitsweisen mit verlässlichen Verantwortlichkeiten und Terminen. Die notwendige Integration in das schulische Gesamtkonzept/Schulprogramm wird sehr häufig gar nicht gesehen. Die Teilkonzepte bleiben so isoliert und haben z. T. ganz unterschiedliche und widersprechende Wirkungen. Achten Sie also auf Vernetzungen, Richtlinien und Regeln für eine nachhaltige Ausrichtung. Ein Controlling (keine Kontrolle, sondern als Steuerung) ist ohne großen Aufwand machbar und schafft durch die Sichtbarmachung letztlich erst den Erfolg. Nachbesserungen verbessern den Prozess und festigen die Strukturen. Ein strategisches und operatives Controlling (Soll-Ist-Vergleich) motiviert auch alle Beteiligten und sorgt somit für eine bessere Umsetzung. Wichtige Controllingfragen zur Reflexion sind:
   - Wie können wir den Prozess in Gang halten? (Steuerung, Organisation)
   - Was haben wir gelernt? (Einstellung, Verhalten, Kompetenzen)

- Wie haben wir unsere Ziele erreicht (Effizienz, Ressourcen)
- Haben wir unsere Leitziele/Ziele erreicht? (Effektivität, Erfolge)

5. **Erlebens- u. Alltags-Phase:** Schulkultur – Gewohnheiten – Wirksamkeit erleben – Identität Einführungen – Schulungen – Weiterbildungen – Trainings – Konfliktmanagement – Probleme Teamentwicklung – Identifikation – Mitarbeiterführung – Gespräche – Kommunikation und Austausch Kooperationen – Imagebildung – Öffentlichkeitsarbeit – Markenbildung – Profilierung ...
6. **Prozess-in-Gang-halten-Phase: K**ontinuierlicher-**V**erbesserungs-**P**rozess (**KVP**) – Innovationen – neue Aufgaben und Ziele – Optimierung – Profilierung – Qualitätsmanagement – lernende Organisation – Zukunftsgestaltung ...

Nach der (1) Anschub- und Akzeptanzphase haben die Prozessgruppe und die Schulleitung gemeinsam Grundlagen, Konzepte, Organisationsstrukturen und Prozessabläufe entwickelt, um den gemeinsamen Beginn vorzubereiten. Diese (2) Vorbereitungs- und Entwicklungsphase ist als Basis für den Schulalltag abgeschlossen. Jetzt geht es in die (3) Umsetzungs- und Implementierungsphase, die meist für nur kurze Zeit geplant ist. Diese Implementierung im Schulalltag müsste darüber hinaus auch weiter fortgesetzt werden, um die bisherigen Ergebnisse zu festigen und weiterzuentwickeln. Erst in der praktischen Umsetzung zeigt sich, ob die bisherigen Grundlagen auch wirklich greifen und was doch noch weiter angepasst, verändert und ergänzt werden muss.

Es erscheint also sinnvoll und notwendig den Prozess auch weiter zu begleiten und in eine (4) Konsolidierungs- und Festigungsphase einmünden zu lassen. Erst wenn dann in der (5) Erlebens- und Alltagsphase identitätsstiftend und qualitätssichernd im Schulalltag gearbeitet und gelebt wird, ist die Wirksamkeit annähernd gesichert und für die zukünftigen Anforderungen der Gesellschaft und des Schulwettbewerbs gut vorbereitet. Das ist umso notwendiger auch im Hinblick und als Vorbereitung auf das „Dazukommen" neuer Anforderungen in der Zwischenzeit. Alles sollte also idealerweise einmünden in eine (6) Prozess-in-Gang-halten-Phase.

Wie kann man konkret anfangen?

Gehen Sie davon aus, dass Öffentlichkeitsarbeit in den Schulen mit vielen Vorurteilen, Missverständnissen und Widerständen belastet ist: „Was ist überhaupt Öffentlichkeitsarbeit und brauchen wir das? Das ist doch Aufgabe der Schulleitung und die will doch nur eine Homepage haben. Dafür haben wir weder Zeit noch Ressourcen und Kompetenzen ..." Um eine gute Akzeptanz, ein gutes Bewusstsein und eine gute Motivation zu schaffen, ist es wichtig, gezielt in den gemeinsamen Prozess einzusteigen.

Tipp: „Wie schätzen Sie das Profil Ihrer Schule nach innen und außen ein?"
Öffentlichkeitsarbeit beginnen mit Fragen nach dem Image und der Identität

Mit dieser Frage können Sie gezielt und ganz einfach mit der Öffentlichkeitsarbeit beginnen. Verbunden mit einer Moderationsmethode – der Evaluationsmatrix – bekommen Sie als Antwort eine Ist- und Soll-Analyse für das Image und die Identität Ihrer Schule. Das ist eine sehr gute Ausgangsbasis, weil Sie alle Beteiligten einbezieht und durch die grafische Darstellung die Ausgangslage allen bewusst macht. Das Bewusstsein geht dann sofort in eine Handlungsaufforderung über und schafft die Motivation, sich weiter damit auseinanderzusetzen. Diese Leitfrage nach dem Profil der Schule nach innen und außen sorgt für eine Akzeptanzbildung, einen Handlungsdruck, eine Motivation und zeigt das weitere Vorgehen auf, was zu tun ist. (Abb. 10)

Anlässe: Anlässe aufnehmen, z. B. Tag der Offenen Tür, Anmeldungen ...
Diese Evaluationsmatrix kann vielfältig eingesetzt werden (am Anfang des Pädagogischen Tages, bei Konferenzen/Dienstbesprechungen, in den Fachkonferenzen, zur Evaluation von Prozessen am Anfang als Ist-Analyse und als Anschub, sowie als Soll-Ist-Vergleich, um im Vergleich dann die Ergebnisse/Erfolge bewusst zu machen und gemeinsam wieder eine neue Zielsetzung zu finden und festzuhalten.

Evaluationsmatrix für die Profilierung nach innen und außen

Selbst-Evaluation (als Ist-und Soll-Analyse für unsere Schule)

Jeder Beteiligte setzt ein Kreuz als persönliche Bewertung entsprechend der Kriterien (vorher in der Murmelgruppe besprechen "Warum setze ich mein Kreuz wohin?"): Die Gesamtheit der Kreuze (umkreisen) macht Ihr Profil sichtbar. Eine große Streuung zeigt unterschiedliche Gruppen auf - es fehlen gemeinsame Ziele. Da wo die Mehrheit der Kreuze sind, müssen die unterschiedlichen Schwerpunkte angegangen werden. Diese effiziente und effektive Trendanalyse zeigt die nächsten notwendigen Schritte auf - was zu tun ist. Eine schnelle Ist- und Soll-Analyse, die allen bewusst macht, was zu tun ist...

Abb. 10: Evaluationsmatrix für die Profilierung nach innen und außen

Die Evaluationsmatrix hat also ganz unterschiedliche Funktionen. Sie dient zur

- **Ist-Analyse** Stärken/Schwächen/Ausgangslage/Bewusstmachung/Motivation/Prozessanschub ...)
- **Soll-Analyse** (Zielfindung/Prioritäten/Zielfestlegung/Konsensfindung/Motivation ...)
- **Bewusstmachung und Motivation** (intrinsische Motivation, eigene Zielsetzung, keine neue übergestülpte Aufgabenstellung ...)
- **Reflexion** (Begleitung der Prozesse/Soll-Ist-Vergleich/Bewusstmachung der Ergebnisse/Erfolge ...)
- **Qualitätssicherung** (Dokumentation/Evaluations/Controlling/Kontinuierlicher-Verbesserungs-Prozess KVP ...)

Die **Vorteile dieser Methode** sind die einfache, schnelle und wirksame Bewusstmachung der schulischen/kollegialen oder prozessualen Situation und die daraus abzuleitende Zielfindung.

Anleitungen: konkrete, methodische, formale und inhaltliche Hilfen und Handlungsanweisungen mit Beispielen und Alternativen zum Anfangen ... vgl. dazu Abb. 10

1. Worum geht es? Wichtig ist es eine Überschrift zu finden – möglichst als Frage formuliert, die durch das Setzen eines Kreuzes beantwortet werden kann: **„Wie schätzen Sie das Profil Ihrer Schule nach innen und außen ein?“** oder auch: **„Wie sehen Sie die Identität, die Innenwirkung und das Image, die Außenwirkung unserer Schule?“** (Identität = Zusammenarbeit, Kommunikation, Arbeitsklima, Engagement und Image = Präsentation der Schule, Berichterstattung, Ansehen – als Kriterien der Matrix genau erklären) Es geht um das augenblickliche Selbstbild des Kollegiums – die eigene Einschätzung.
2. An einer Flipchart/Stellwand wird ein entsprechendes Quadrat mit diesen Kriterien/Beschriftungen aufgezeichnet (OHNE die Vierteilung – die kommt erst bei der Auswertung dazu!) „Es geht jetzt um IHRE Einschätzung – haben Sie noch Fragen dazu?“ (ev. klären ... Optimum wäre oben rechts ... aber NICHT vorher sagen)

3. „Bevor Sie sich jetzt entscheiden, sollten Sie **in einer kleinen Murmelgruppe klären, warum Sie IHR Kreuz wohin setzen** – sie müssen sich aber nicht einig werden – JEDER setzt anschließend sein Kreuz." (auch Schüler- und Elternvertreter können Kreuze setzen – ev. Kreuze mit einer anderen Farbe und auch bei der Auswertung extra umkreisen, um dann Selbst- und Fremdeinschätzung zu vergleichen ...)
4. Nachdem alle ihre Kreuze gesetzt haben (ev. die Flipchart/Stellwand auch umdrehen, damit nicht alle sehen, wer wohin sein Kreuz setzt) teilen Sie das Quadrat jetzt nachträglich in vier Felder und **umkreisen alle Kreuze** – Sie erhalten so das **gemeinsame Profil Ihrer Schule**. Es ist jetzt sichtbar und damit gestaltbar geworden ...
5. Fragen Sie als erstes nach der Streuung: **„Ist eine große Streuung gut oder nicht gut?"** Haben wir eine **große Streuung** in allen vier Feldern = ganz unterschiedliche Einschätzungen und Erwartungen und Zielsetzung und unterschiedliche Gruppe = **großer Handlungsbedarf!** Kleine Streuung ist ideal = wir sind uns einig = weniger Handlungsbedarf.
6. Interpretieren Sie jetzt gemeinsam im Dialog die einzelnen Felder, in denen die Kreuze liegen könnten: wenig gute Identität und wenig gutes Image = **Krisenmanagement** nötig; wenig gute Identität und ein gutes Image (ein gutes Image braucht eigentlich eine gute Identität, oder?) = **identitätsstiftende Öffentlichkeitsarbeit** nötig; gute Identität aber ein wenig gutes Image = wir machen viel, aber mit wenig Außenwirkung = **strategische Öffentlichkeitsarbeit** nötig; gute Identität und gutes Image = das ist ideal! = Wie können wir unsere Qualität sichern und weiter optimieren? = **zukunftsorientierte Öffentlichkeitsarbeit**. Entsprechende Erläuterungen können Sie als Stichworte noch in die Matrix dazu schreiben ...
7. „Was müssen wir jetzt tun?" Erfragen Sie Vorschläge für das weitere Vorgehen, damit allen bewusst wird, was warum wie gemeinsam jetzt gemacht werden müsste, um dem Ideal näher zu kommen ... = **Soll-Analyse** = festlegen des SCHWERPUNKTES, **welcher Schwerpunkt demnächst hauptsächlich nötig ist/angegangen werden sollte ...**

8. **„WER macht das wann und wie?“** Festlegen der Verantwortlichkeiten und der Termine ...
9. „Wann machen wir die nächste Evaluationsmatrix?“ (um zu sehen, was wir verändert und verbessert haben ...) **Datum** der aktuellen Evaluationsmatrix dazu schreiben.

Anmerkungen: (Arbeitsergebnisse, Reflexionen, Erfahrungen, Ergänzungen, Weiterentwicklungen) Sie sollten die einzelnen Evaluationsmatrix-Übersichten als Fotos dokumentieren, vergleichen und sammeln (in dem Ordner haben Sie ja die Vorlage zum Kopieren – Einschätzungen/Bewertungen können Sie dann dahinter abheften.). Ihre Erfahrungen und weiteren Vorgehensweisen können Sie direkt dort festhalten und auch neue Zielsetzungen/Schwerpunkte. So wird sich im Laufe der Zeit insgesamt Ihre Qualität der Schulentwicklung verbessern. Die verantwortliche Steuergruppe kann mit dieser Methode und auch anderen Methoden (Methodenwechsel einplanen!) die Schulentwicklung zur Öffentlichkeitsarbeit sehr gut in Gang halten ...

Strategieentwicklung für den Prozess zur Öffentlichkeitsarbeit

Nach der Akzeptanz- und Motivationsschaffung beginnt der eigentliche gemeinsame Schulentwicklungsprozess zur Öffentlichkeitsarbeit. Anhand von Fragen können Sie zu einer professionellen Strategie zu kommen. (vgl. Abb. 11 und 12)

Vorgehensweise mit 10 Fragen

(1) Beginnen Sie mit den zehn Fragen, um in eine gute Vorgehensweise zu kommen und nichts zu vergessen. So ist der Prozess in klare Phasen aufgebaut, die alle aufeinander aufbauen. Das schafft Sicherheit und Orientierung sowie Entlastung. (Abb. 11 als ein Beispiel)

(2) Mit dem leeren Arbeitsblatt (Abb. 12) können Sie die einzelnen konkreten Antworten/Maßnahmen für Ihre Schule festhalten. Dabei müssen nicht gleich alle Felder fertig ausgefüllt werden. Sie können auch später bearbeitet werden.

(3) Die Fragen in den Abb. 12 und 13 dienen als Orientierung. Mit dem Arbeitsblatt können Sie die einzelnen Schritte festhalten und daraus eine Strategie/Vorgehensweise zur Öffentlichkeitsarbeit erstellen: „Was, wann, wer?“ – das dann in ein professionelles Projektmanagement übergeht. (Ab. 9)
(4) Natürlich sollten Sie sich vorher Gedanken machen, „was und wer“ Ihr Kollegium antworten/machen könnte. Machen Sie Vorschläge und geben Sie Impulse, aber bleiben Sie dabei zu fragen, damit die letzte Motivation und Entscheidung von den Beteiligten selbst kommt. (Motivation) Die entwickelte Strategie zur Öffentlichkeitsarbeit kann auch als ein Jahresplan benutzt werden.
(5) Diesen Arbeitsplan sollten Sie mit der Schulleitung absprechen und öffentlich machen: dem Kollegium vorstellen, abstimmen lassen und auch aushängen. Es dient der Transparenz und der Verbindlichkeit.
(6) Gut wäre auch ein kompetenter Berater, der Sie begleiten kann. Er kann Ihnen helfen die Antworten weiter zu bearbeiten und auch mögliche Alternativen aufzuzeigen.

10 Schritte zur Öffentlichkeitsarbeit

Schritte, Phasen		Methoden, Maßnahmen
Akzeptanzschaffung	1	• Auftrag, Vision, Zielsetzung • Notwendigkeiten, Nutzen • Defizit, Schwächen • Persönliches Engagement, Ansprache • Referenzbeispiele, Anlässe
Teambildung	2	• Aufgaben, Verbindung CI-Team • Kompetenzen • Organisation • Teamentwicklung • Teamverhalten, Arbeitsweise
Ist-Analyse	3	• Zielgruppenfindung • Imageanalysen • Spinnenanalyse • Stärken - Schwächen - Profile • Unterspinnen
Soll-Analyse	4	• Richtlinien aus Organisationsgrundsätzen • Rasteranalyse • Ziele aus Ist-Analysen • Strategische Ziele • Operative Ziele
Instrumentenauswahl	5	• Kraftfeldanalyse • Bench-Marking • Modellprojekte • Instrumentenspektrum • Anleitungen, Beratungen
Konzeptentwicklung	6	• Konzeptberatung • Projektmanagement • Abstimmung mit anderen Konzepten • Testphase, Erprobung • Gesamtkonzeptabstimmung
Entscheidungsbildung	7	• Alternativen finden • Delphi-Methode (Fachleute) • Folgenabschätzung, Wirkungen • Genehmigung, Entscheidung • "point of no return"
Durchführung	8	• Lerneffekte, Motivation • Kleine Schritte, Projektmanagement • Dokumentationen, Zwischencontrolling • Konsequenzen, Durchhalten • Ergebnisorientierung
Controlling	9	• Strategisches + operatives Controlling • Controllinganzeiger, Ergebnisse • Soll-Ist-Vergleich, Effizienz • Stärken-Schwächen-Analyse • Nachbesserungen, Ausbau
Lernende Organisation	10	• Reflexion, "Bewusstmachung" • Erfahrungen, Erkenntnisse, Lernen • Übertragungen, Transfer • "Prozess in Gang halten" • Innovationen, neue Ziele

Abb. 11: 10 Schritte zur Öffentlichkeitsarbeit

10 Schritte zur Öffentlichkeitsarbeit - Checkliste

Schritte, Phasen		Was	Wer	Wann
Akzeptanzschaffung	1			
Teambildung	2			
Ist-Analyse	3			
Soll-Analyse	4			
Instrumentenauswahl	5			
Konzeptentwicklung	6			
Entscheidungsbildung	7			
Durchführung	8			
Controlling	9			
Lernende Organisation	10			

Abb. 12: 10 Schritte zur Öffentlichkeitsarbeit (Arbeitsblatt)

„Perfektion ist nicht dann erreicht, wenn man nichts mehr hinzufügen, sondern wenn man nichts mehr weglassen kann.“
Antoine de Saint-Exupéry

WIE GEHT DIE POSITIONIERUNG IM WETTBEWERB? SCHULMARKETING

Die strategische Öffentlichkeitsarbeit ist die konsequente Gesamt-Ausrichtung und gemeinsame Gestaltung der Schule nach innen und außen durch

- **Schulmarketing:** Wie positionieren wir unsere Schule im Wettbewerb?
- **Markenbildung für Schulen:** Wie gestalten wir unsere Schule als Marke?

Profilbildung durch Positionierung der Schule

Viele Schulen wollen sich durch „Vielfalt“ profilieren. Vieles anbieten ist wie „ein Bauchladen“, in der Hoffnung, dass hier Jeder etwas finden kann. Das ist keine besondere Profilierung, sondern Verzettelung – die Besonderheiten gehen in der umfassenden Auflistung „unter“ – gegensätzliche Einzelwirkungen „behindern“ sich. Nicht jede Profilbildung ist eine echte Profilbildung!

Was ist ein Schulprofil? Es ist nicht eine lange Auflistung aller Projekte und Angebote – das ist eher eine Beschreibung der schulischesn Aktivitäten. Ein Schulprofil ist eine prägnante und reduziert formulierte Zusammenfassung der wichtigen Besonderheiten (Was macht das Angebot zum Besonderen?) – es geht hier nicht um Quantität, sondern um Qualität. Es geht bei der Profilbildung nicht allein um das „Was“, sondern mehr um das „Warum“ („Was ++“). Sie sollten über die schulischen Angebote hinaus mehr nach dem „Warum“ fragen, um zusammenfassende pädagogisch wertvolle Zielsetzungen zu finden (BMW bietet auch nicht nur Autos an, sondern „Freude am Fahren"). Gewichten Sie Ihre möglichen profilbildenden Aspekte (vgl. unten die unterschiedlichen Profilbildungsmöglichkeiten), ordnen Sie nach Prioritäten, reduzieren Sie auf max. zwei wichtige Besonderheiten (die korrespondieren und/oder sich ergänzen – z. B. Individuelle Betreuung und Gemeinschaft oder Ganztag) und nehmen die für die Gesamtpositionierung der Schule im Wettbewerb (Schulmarketing) – den „Rest", was Sie *auch* anbieten, sollten Sie dann in die Umsetzungskonzepte einsortieren und wenn möglich nach den besonderen Profilen ausrichten und Bezug darauf nehmen). Die gesetzte Profilbildung sollte dann durch eine Markenbildung als gestalterische Wirkung noch ergänzt und abgerundet werden und dann muss alles in das schulische Gesamtkonzept/das Schulprogramm integriert und konsequent und gezielt durch entsprechend ausgerichtete Maßnahmen verlässlich hinterlegt werden, damit das Schulprofil im Alltag auch wirklich nach innen und außen gelebt wird: so wird Öffentlichkeitsarbeit zur erfolgreichen profilbildenden Öffentlichkeitsarbeit!

Eine gute Unterrichtsqualität, besondere Fächerschwerpunkte und Angebote sind auch nicht automatisch gleich das besondere Profil – es wird eigentlich vorausgesetzt und erwartet (vgl. Abb. 13). Unterscheiden Sie wichtige Grundlagen Ihrer schulischen Arbeit und finden Sie darüber hinaus Ihre Besonderheiten, die Sie als Alleinstellung im Wettbewerb heraushebt (auch Auszeichnungen – wie „Schule ohne Rassismus", Umweltschule, Europaschule usw. – allein sind dabei nicht entscheidend, weil schon viele Schule (besonders in der Nähe) diese Auszeichnung auch haben. Erst wenn durchgängig und besonders verstärkt alles in der Schule weltoffen, kulturell und sprachlich mit Zertifikaten ausgerichtet ist, könnte z. B. die Europaschule zur Profilbildung werden. Sie müssen also reduzieren und damit unterschiedliche Prioritäten setzen, dann erst wird daraus ein besonderes Profil, eine echte „Schulmarke". Und wenn Sie jetzt schon viele „Auszeichnungen" haben, fragen Sie sich „Wozu? Warum haben wir die? Was bringt das dem einzelnen Schüler?" Versuchen Sie darauf eine zusammenfassende Antwort zu finden, dann haben Sie Ihr Profil gefunden ... Diese strategische und konzeptionelle Profilbildung muss auch verbindlich in das Schulprogramm/Schulkonzept eingearbeitet werden, damit es dann wirklich erfolgreich und nachhaltig umgesetzt werden kann.

Schulmarketing – wie geht das?

Mit einer so profilierten und starken Identität – einer starken „Marke" – können Sie sicherer in die Zukunft schauen und alle Ihre Aktionen und Maßnahmen entsprechend strategischer und vernetzter danach ausrichten. Diese Basis für eine starke Positionierung ist auch eine gute Prävention und Sicherheit – wenn es z. B. um finanzielle Ausstattungen, um mögliche Schulschließungen oder um zu wenige Anmeldungen geht.

Alle Schulen gestalten sich jeden Tag durch das, was sie tun oder nicht tun – bewusst oder unbewusst. Schulmarketing hilft, ihre Identität und ihr Image bewusst zu entwickeln und profiliert zu gestalten. Nur profilierte Schulen können qualifizierte Arbeit leisten, Schüler begeistern, die ihre positiven Erfahrungen an andere weitergeben und so ein gutes Image aufbauen. Auf der Suche nach der Positionierung im Wettbewerb, nach der Professionalisierung und Qualifizierung und nach der besseren Profilierung sind **professionelle Marketingstrategien** gefragt:

- ***Kräftekonzentration und nicht das Bauchladenprinzip (alles anbieten) schafft es, eine starke Profilierung/Marktnische zu finden*** mit einem hohen Erfolg: Schulprofil bildende Schwerpunkte setzen.
- ***Zielgruppenkonzentration und nicht eine Verzettelung ermöglicht die Kommunikation und die Arbeit mit den Schülern*** im vollen Schulmarkt: Umschreibung der „gewollten Schülerschaft".
- ***Experte und Erster werden in seiner Kategorie und nicht als Mitanbieter agieren*** bringt den Wettbewerbsvorteil, weil die Eltern und Schüler den Besten und Bekanntesten haben wollen (bei gleicher Leistung zählt der Imagefaktor zur Profilierung): Alleinige Besonderheit der Schule herausstellen.

- ***Spezialist für Bedürfnisse und Wünsche und nicht für ein Produkt oder ein Verfahren zu sein*** macht den nachhaltigen Vorteil aus (Erco verkauft nicht Lampen, sondern Licht.): Nicht Unterrichtsqualität und einzelne Projekte anbieten, sondern die weitergehenden Werte, Absichten und Wirkungen wie Persönlichkeitsentwicklung, Zukunftsvorbereitung, Sicherheit oder Leben lernen.

Die **Schulmarketing-Ziele** legen die angestrebte Position fest: „Wo wollen wir hin?“

Die **Schulmarketing-Strategien** legen die Vorgehensweise für die nächsten 3-5 Jahre dazu fest: „Wie kommen wir dahin?“

Der **Schulmarketing-Mix** legt die Instrumente und Maßnahmen zur Erreichung der Ziele und Umsetzung der Strategie fest: „Was müssen wir dafür tun?“

Bei der Entwicklung und Festlegung Ihres Schulprofils als Schulmarketing sollten Sie folgende Aspekte berücksichtigen und beachten:

(1) Die Schulkultur Ihrer Schule als allgemeine Basis nehmen (das sollte der Ausgangspunkt sein, um die Herkunft und die damit verbundene Identifikation als Grundlage für den Profilierungsprozess zu gewährleisten ...)

(2) Die Schulform Ihrer Schule als allgemeine Basis nehmen (stellen Sie die unterrichtliche Kernkompetenz und die Hauptaufgaben Ihrer Schulart heraus – nicht für „Alles da sein wollen“ ...)

(3) Die gewachsenen Besonderheiten und auch neue Arbeitsschwerpunkte für die Schulentwicklung Ihrer Schule herausheben (perfekte Reduktion der vielfältigen Angebote – Prioritäten setzen ...)

(4) Die einladende, verständliche und wertige Formulierung der Besonderheiten finden – möglichst auch ergänzend durch eine sloganähnliche Zusammenfassung als gemeinsame und identitätsstiftende Vision (die Identitätsbildung bei allen Beteiligten, die Gesamtausrichtung der Schule und die entsprechende Kommunikation sind viel einfacher und besser durch einen begeisternden Leitspruch für die Schule ...)

Profilierung im Wettbewerb durch Schulmarketing

Wodurch können wir unsere Schule für die Zukunft wirklich profilieren?
Zielsetzung: Gute Positionierung im Wettbewerb durch ein einzigartiges und prägnantes Profil der Schule als Marke (Stärkung im Konkurrenzkampf, keine Verzettelung und kein blinder Aktionismus)

Basis: Ein gemeinsamer, strategischer und identitätsstiftender Schulentwicklungsprozess (Steuergruppe und Schulleitung)

Abb. 13: Profilierung im Wettbewerb durch Schulmarketing

(5) Die sinnvolle Ausrichtung Ihres Schulprofils durch zwei sich ergänzende Aspekte stärken (damit sich die Schule in der Konzentration nicht zu „eng und wacklig“ aufstellt – lieber „auf zwei Beinen“ sicher positionieren ...)

(6) Die Eltern- und Schüler-Nachfrage, der Wünsche in der Region beachten („Was wollen die Eltern und Schüler?“ Mehr ländliche oder mehr städtische Bedürfnisse – Eingehen auf die „Nachfrage“ ...)

(7) Die Besonderheiten der Schulen in Ihrer Region im Vergleich berücksichtigen (es dient der Heraushebung der Alleinstellung und damit der Marktführerschaft – macht Ihre Schule besonders stark ...)

(8) Die strategische Ausrichtung, um die Besonderheiten anderer Schulen im Wettbewerb vielleicht „auch anzubieten und/oder auch als Ergänzung mit dabei zu haben“ (damit die Eltern und Schüler bei der Wahl der Schule nicht zwischen zwei guten Aspekten von unterschiedlichen Schulen mit „entweder oder“ entscheiden müssen ...)

(9) Die nachhaltige Zukunftsorientierung mit aufnehmen (also Themen, die auch/gerade in der Zukunft gefragt sein werden – Ihr Schulprofil bleibt längerfristig und dient zur Sicherung Ihrer Schule ...)

(10) Die glaubwürdige und konsequente Umsetzung Ihres Schulprofils im Schulalltag zu sichern (durch entsprechende Leitziele, Qualitätsstandards, Maßnahmen mit festen Verantwortlichen, Zeiten und einem Controlling zur Reflexion ...)

Beispiele für besondere Profilierungen von Schulen

1. **Zum Angebots-Profil** (vielfältiges Angebot von Fächer-Schwerpunkten, Projekten und Arbeitsgemeinschaften oder für besondere Bereiche/Perspektiven z. B. Gesundheit, Neigungen und Begabungen ...)

a) Beispiel: Werner-von-Siemens-Gymnasium, Bad Harzburg
www.wvsharzburg.de
Leitsatz: Wir legen Wert auf ein breites Angebot zur Persönlichkeitsentwicklung durch vielseitige Erfahrungsspielräume.

b) **Beispiel: Gesamtschule Mittelkreis, Goch**
www.gesamtschule-mittelkreis.de
Unser Profil: Vielfalt sichern, Schwerpunkte setzen, Ziele verfolgen

c) **Beispiel: Gesamtschule Brüggen, Brüggen**
www.gesamtschule-brueggen.de
Leitsätze des Schulkonzeptes (die ganzheitliche Ausrichtung auf die Gesundheitsförderung ist besonders im Schulleben, in der Erziehung, Beratung und Gesunden Schule zu sehen ...)

2. **Zum Individualitäts-Profil** (besondere Ausrichtung auf den Einzelnen, für seine individuellen Lernprozesse, seine Persönlichkeitsstärkung und eine entsprechende Kompetenz- und Werte-Vermittlung ...)

a) **Beispiel: Gymnasium Am Löhrtor, Siegen**
www.gal.de
Leitsatz: Wir schaffen Voraussetzungen für ein lebenslanges Lernen und begleiten unsere Schülerinnen und Schüler auf ihrem individuellen Lernweg.

3. **Zum Zukunfts-Profil** (besondere Ausrichtung auf Vermittlung von wichtigen zukunftsorientierten Kompetenzen, die z. T. aufbauen auf die traditionellen Grundlagen und/oder aber auch innovative Perspektiven und Orientierungen und so für die Aufgaben in Gegenwart und Zukunft vorbereiten ...)

a) **Beispiel: Campe Gymnasium, Holzminden**
www.campegym.de
Erkennen – Begreifen – Gestalten
Leitsatz: Wir bereiten in der Tradition unseres Namensgebers auf die Aufgaben der Gegenwart und Zukunft vor.

4. **Zum Werte-Profil** (besondere Ausrichtung auf ausgewählte Werte, Wertevermittlungen oder Glaubensrichtungen mit entsprechenden Angeboten und Kompetenzvermittlungen für spezielle Zielgruppen und deren gezielte Persönlichkeitsentwicklungen ...)

a) **Beispiel: St. Hildegard, Ulm, Katholische Freie Mädchenschulen der Franziskanerinnen von Bonlanden (Grundschule, Realschule, Gymnasium)**
www.st-hildegard-ulm.de
Schulprofil: staatlich anerkannte Mädchenschule mit religiösem Profil und christlicher Werteerziehung.
Leitsatz: Wir stärken Mädchen auf ihrem Weg zum Erwachsen werden und eröffnen Horizonte auf der Basis christlichen Glaubens.

b) **Beispiel: Gymnasium Haren (Ems)**
www.nibis.ni.schule.de/~gymharen
Auszeichnung „Humanitäre Schule" (ein Projekt in Zusammenarbeit mit dem Roten Kreuz)
Humanitäre Verpflichtung
Leitsatz: Wir setzen uns für das humanitäre Wertesystem als Orientierung für eine verantwortungsvolle Zukunft ein.

5. **Zum Förder-Profil** (besondere Ausrichtung auf den Einzelnen, für seine individuellen Lernprozesse, seine Persönlichkeitsstärkung und eine entsprechende Kompetenz- und Werte-Vermittlung

a) **Beispiel: Pestalozzischule GGS Krefeld**
www.pestalozzischule-krefeld.de
GÜTESIEGEL INDIVIDUELLE FÖRDERUNG
Besondere Förderung
Leitsatz: Wir fördern qualifiziert und ausgezeichnet individuelle Fähigkeiten und besondere Begabungen unserer Kinder

b) **Beispiel: Kardinal-von-Galen Grundschule, Münster-Handorf**
www.kvg-gs-muenster.de
Alles für den besten Start ins Leben
Schule heißt Lernen und Leistung. Wir nehmen die Leistung unserer Schüler in den Blick und die Freude daran: Das heißt für uns, in einer offenen und freundlichen Atmosphäre gemeinsam zu leben, zu lachen und zu lernen, wie gesellschaftliches Zusammenleben funktioniert. Wir fördern die geistige, körperliche und soziale Entwicklung jedes Einzelnen, entdecken die Kompetenzen unserer Schüler im Unterricht und un-

terstützen die individuellen Fähigkeiten. Mit vielen zusätzlichen Projekten fördern wir musikalischen und sozialen Fähigkeiten sowie die Ich-Stärkung des Kindes.

c) **Beispiel: Otto-Willmann-Schule, Gemeinschaftsgrundschule (GGS) Voerde**
www.voerde.de/otto-willmann-schule
Unsere besondere Förderung
Leitsatz: Wir fördern und fordern durch unterschiedliche Lernwege jedes Kind nach seinen Begabungen.

d) **Beispiel: Herman-Nohl-Schule, Osnabrück (Förderschule Emotionale und Soziale Entwicklung)**
www.herman-nohl-schule-os.de
Zertifiziert nach DIN EN ISO 9001
„du bist willkommen – wir machen dich stark." mit diesem Leitwort heißen wir unsere Schülerinnen und Schüler willkommen.
Als Förderschule mit dem Förderschwerpunkt Emotionale und Soziale Entwicklung ist uns der positive Zuspruch und das Zutrauen, dass sie ihr Leben selbst gestalten können, von grundlegender Bedeutung und unser Anliegen.
Leitsatz: Entwicklungschancen
Wir schaffen neue Entwicklungschancen

6. **Zum Kultur-Profil** (besondere Heraushebung der Schulkultur, der Gemeinschaft mit einem Gemeinsinn und vielfältigen Angeboten, mit besonderen Akzenten und einem besonderen Niveau zur Förderung von verantwortlichen Verhaltensweisen und unterschiedlichen Talenten ...)

a) **Beispiel: Integrierte Gesamtschule Salzgitter**
www.igs-salzgitter.de
individuell
  gemeinschaftlich
    selbstverantwortlich lernen und leben
Angstfrei, miteinander auf dem Weg zum Erfolg ...
Die IGS Salzgitter versteht sich als ein Ort der Entwicklung und des Entwickelns, ein Ort des Miteinanders von unterschiedlichen Begabungen, ein Ort an dem wir gemeinsam le-

ben und voneinander lernen. Wir begleiten und beraten die uns anvertrauten Schülerinnen und Schüler auf dem Weg zur Erreichung des für sie jeweils bestmöglichen Schulabschlusses.
Selbstbewusst, eigenverantwortlich und kompetent …
Neben den Fachkompetenzen der einzelnen Unterrichtsfächer vermitteln wir Schlüsselqualifikationen, wie die Stärkung der Kritik- und Urteilsfähigkeit, den Aufbau und die Festigung von Persönlichkeitsmerkmalen, insbesondere Selbstwertgefühl, Zuverlässigkeit, Eigeninitiative und Durchhaltevermögen.
Zeitgemäß und zukunftsorientiert …
Ausgehend von unserem Selbstverständnis werden wir die Entwicklung unserer Schule für die kommenden Jahre vorantreiben, notwendige Innovationen ermöglichen, Bewährtes erhalten und optimieren.
Gemeinschaft
Leitsatz: Wir pflegen eine offene und respektvolle Gemeinschaft und bieten vielfältige Möglichkeiten, die Interessen und Talente zu entdecken und zu entfalten

7. **Zum Europa-Profil** (vielfältige und herausragende Angebote mit besonderen Auszeichnungen und Zertifikaten für europäische Denkweisen und Kompetenzvermittlungen – mit Kooperationen, Partnerschaften und Wettbewerben, die über die normalen/durchschnittlichen hinausgehen …)

a) **Beispiel: Thomas-Eßer-Berufskolleg Euskirchen, Berufskolleg des Kreises Euskirchen**
www.teb-eu.eu
tatkräftig **e**rfolgreich **b**ilden am TEB!
Europäische Orientierung
Leitsatz: Wir erweitern Horizonte und eröffnen neue Wege von Euskirchen nach Europa.

8. **Zum Ganztags-Profil** (nicht jeder Ganztag ist ein Ganztagsprofil – ein Profil wird daraus erst, wenn es die Schule grundlegend pädagogisch begründet, im Schulprogramm als Be-

sonderheit konzeptionell heraushebt und entsprechend mit qualitätsorientierten Angeboten hinterlegt, die kontinuierlich reflektiert und weiter entwickelt werden ...)

a) **Beispiel: Georg-Büchner-Gymnasium der Stadt Kaarst**
www.gbg.ahgg.de
GEMEINSAM **B**ILDUNG **G**ESTALTEN
Wer gemeinsam Bildung gestalten will, der braucht Zusammenhalt, klare Vorstellungen und individuelle Freiräume. Denn eine gemeinsame Gestaltung gelingt nur, wenn jeder bereit ist, sich mit seinen individuellen Stärken einzubringen, und auch die Möglichkeit dazu erhält. Am Georg-Büchner-Gymnasium schaffen wir diese Freiräume durch den Ganztag, der unseren Schülerinnen und Schülern die Möglichkeit eröffnet, ihr Lernen im eigenen Tempo und nach persönlichen Schwerpunkten zu gestalten. Individuell und trotzdem gemeinsam.
Individuelle Lernprozesse
Leitsatz: Wir unterstützen und begleiten unsere Schülerinnen und Schüler in ihren individuellen Lernprozessen.

9. **Zum Begabten-/Talent-Profil** (als eine besondere Talentförderung für den Einzelnen und/oder einen ausgewählten Bereich – z. B. Sport, Musik und Kunst, die über normale Angebote hinausgeht und individuelle Begabungen verstärkt fördert ...)

a) **Beispiel: Gesamtschule Berger Feld, Gelsenkirchen**
www.gesamtschule-berger-feld.de
Eliteschule des Fußballs
Das Talentzentrum Fußballschule „AufSchalke“ der Gesamtschule Berger Feld ermöglicht es Spitzentalenten im Fußball ihre sportliche Ausbildung mit einer erfolgreichen schulischen Laufbahn zu verknüpfen. Um schulische und sportliche Anforderungen optimal zu koordinieren, ist die GEBF als „Eliteschule des Fußballs“ in ein Netzwerk von Schule, Leistungszentrum, Verein und Verbänden eingebunden. Die enge Kooperation mit dem Partnerverein FC Schalke 04 bildet dabei die Grundlage für die erfolgreiche Arbeit der Fußballschule.

Ziele und Maßnahmen
Ziel der Fußballschule „AufSchalke“ ist es, die jungen Talente sportlich zu fördern und zugleich in ihrer Persönlichkeitsentwicklung zu unterstützen. Diesem Anspruch liegen bewährte sportliche und pädagogische Konzepte zugrunde, die kontinuierlich weiterentwickelt werden. So erhalten die jungen Fußballtalente beispielsweise eine pädagogisch-psychologische Betreuung, Kompensation von Unterrichtsausfall, Hausaufgabenbetreuung und die Möglichkeit, zusätzliche Trainingseinheiten am Vormittag zu absolvieren.

10. **Zum Regional-Profil** (besondere Ausrichtung auf die Region und die Kooperation mit der Region/der Stadt und deren Organisationen, auch als Ergänzung der pädagogischen Arbeit der Schule, als kultureller Impulsgeber/anerkannter Teil des kulturellen Lebens/vor dem Hintergrund regionaler Geschichte ...)

a) Beispiel: Adam-von-Trott-Schule, Gesamtschule mit Gymnasialer Oberstufe, Sontra

www.adam-von-trott-schule.de
Lehren aus der Geschichte
Wir legen Wert auf demokratisches Denken und Handeln vor dem Hintergrund regionaler Geschichte und dem Wirken Adam von Trotts.
Die inhaltliche und prägnante Umschreibung des Schulprofils schafft gute Wirkungen nach innen und außen und sorgt so für eine effektive Schulentwicklung. Die Besonderheit Ihrer Schule, als die gemeinsame konzentrierte Ausrichtung auf Ihre pädagogischen Zielsetzungen, zeigt Ihre klaren Werteorientierungen auf. Diese gemeinsamen Prozesse und die wertigen Orientierungen vermitteln ein ganz anderes, professionelles Niveau Ihrer Schule. So können Sie sich im Schulwettbewerb stark positionieren und Ihre Schule auf die Zukunft sicher vorbereiten – letztlich zum Wohle aller Beteiligten.

Die Marke muss vielfältig gelebt werden ...

WORAUF ACHTEN BEI DER ÖFFENTLICHKEITS-ARBEIT? DESIGN, MEDIEN ...

Eine Marke muss im Schulkonzept fest integriert sein und in allen Bereichen der Corporate Identity umgesetzt und gelebt werden. Nicht nur das einheitliche Erscheinungsbild (Corporate Design) ist wichtig, sondern auch die gesamte Kommunikation (Corporate Communication) und besonders das entsprechende Verhalten, was nicht nur Schulen, sondern auch viele Organisationen und Unternehmen vergessen (Corporate Behavior).

Corporate Design – das einheitliches Erscheinungsbild der Schule

Das visuelle Erscheinungsbild einer Schule, ihre Architektur und Lage sowie alle ihre Präsentationsweisen bilden das Corporate Design. Es ist eine der drei tragenden Säulen der Corporate Identity (CI) und wird geformt durch die spezifischen Leitlinien der Schulgrundsätze. Nach der grundlegenden Positionierung im Schulwettbewerb (Profilbildung, Marketing, Markenbildung für Schulen) kann die inhaltliche Profilierung visualisiert werden durch ein einheitliches und abgestimmtes Erscheinungsbild der Schule. Die einzelnen Elemente und Maßnahmen sind Ausdruck der individuellen Werte und Sichtweisen der Schule und vermitteln insgesamt den einzigartigen Stil der Schulkultur.

Entgegen älterer Auffassungen in den 70er Jahren ist ein Design allein nicht in der Lage, die Schule gut zu profilieren. Mit einem neuen Logo und etwas mehr Farbe kann keine Schule ihre Mitarbeiter stärker motivieren oder ihr Ansehen bei Schülern und Eltern verbessern. Andererseits können keine Identitätsstiftung und eine gute Imagewirkung ohne ein einheitliches und aufeinander abgestimmtes Design wirksam werden.

Das Wort-Bild-Zeichen einer Schule

Entscheidend sind schließlich die grafische Darstellung des Namenszuges und die Gestaltung des Wort-Bild-Zeichens, das Signet. Es sollte für alle Präsentationselemente und Selbstdarstellungsmaßnahmen, wie z. B. Drucksachen und Werbeträger, realisierbar sein. Bedenken Sie dabei nicht nur die Möglichkeit zu drucken, sondern auch zu stanzen, prägen u. ä.

Nehmen Sie eher keine radikalen Änderungen zur bisherigen grafischen Schuldarstellung vor (nur bei besonderen Anlässen, wie beispielsweise neue Namensgebung, Fusion von Schulen ...), sondern wahren Sie Kontinuität und betreiben Sie Veränderungen schrittweise. Dies ist kein Widerspruch, auch wenn Sie eine Neugestaltung wünschen. Verbindungen zum bisherigen Bild lassen sich immer herstellen oder finden. Versuchen Sie so weit wie möglich Assoziationen aus den Schulgrundsätzen (fortschrittlich, konservativ, raumbezogen, konfessionell) mit einzubeziehen. Dies kann geschehen durch die Wahl des Schrifttyps, der Farben oder auch durch die Gestaltungsweise oder durch alle Faktoren zusammen.

Deutliche, symbolhafte und reduzierte Signets zeichnen sich durch Einprägsamkeit und Prägnanz aus. Auch die Schriftart sollte der Schulkultur angepasst sein und Ihre Individualität ausdrücken. Sie muss zum gängigen Repertoire einer Druckerei und natürlich Ihrer Schulcomputer gehören und schließlich gut lesbar sein. Häufig benutzte Schriftarten wie z. B. Helvetica, die nicht gerade individuell sind, aber weiterhin verwendet werden sollen, können durch schulspezifische Symbole oder grafische Elemente ergänzt und interessanter gestaltet werden. Wegen negativer Assoziationen und rechtlicher Probleme sind Plagiate grundsätzlich zu vermeiden.

Viele Schulsignets beziehen sich auf bauliche Elemente der Schule oder zeigen eine besondere Gestaltung der Anfangsbuchstaben des Schulnamens (beachten Sie dabei, dass Sie unbedingt auf das Wesentliche reduzieren und z. B. nicht die Gesamtansicht der Schule nehmen mit allen Details). Manchen Schulen gelingt auch die Darstellung ihrer Denkweisen und Werte in Form eines abstrakten Symbols, das mit der Einbeziehung der/einer Schulfarbe lebendiger wird.

Die Wahl einer Hausfarbe bzw. Schulfarbe kann sich mit architektonisch vorgegebenen Elementen, wie farbigen Fensterrahmen, Türgriffen oder Schildern, verbinden lassen. In der Regel sollte man sich aus Prägnanz- und Kostengründen auf eine bis maximal zwei Hausfarben in Kombination mit den „Unfarben" Schwarz und Weiß beschränken. Wegen der Großflächenwirkung und der Reproduzierbarkeit ist die Auswahl der Farben aus dem RAL-Katalog anzuraten. Beachten Sie dabei, ob die gewählten Farben das Wesen Ihrer Schulkultur und der Schulgrundsätze zur Geltung bringen.

Anwendung des Corporate-Design-Konzeptes

Ist es schließlich gelungen, ein überzeugendes Signet zu entwickeln, muss es auch konsequent auf alle Anwendungsmöglichkeiten übertragen und eingehalten werden. Auch die Schulbezeichnung, die im Signet enthalten ist, muss nun schriftlich wie mündlich benutzt werden. Erst die wiederholende und einheitliche Nutzung schafft Entlastung, Klarheit und Vereinfachung und erzeugt eine große Wirkung.

Neben der Anwendung auf allen Drucksachen wie Schulbriefen und Schulformularen findet das Signet auch Anwendung auf Tür- und Eingangsschildern, auf Plakaten für Schulfeste und ähnliche Veranstaltungen, auf Luftballons, T-Shirts für den Sportunterricht, Kulis, Aufklebern, Buttons ...

Die folgende Aufstellung gibt Anregung, wo und wie Sie Ihr Wort-Bild-Zeichen verwenden können:

(1) Drucksachen
Briefbogen und Zweitblatt, Faxbogen, Visitenkarten, Formulare und Vordrucke, Kurzmitteilung, Postkarte, Glückwunschkarte, Einladungen, Beilagekarte, Aufkleber, Umschlag, Stempel, Rundschreiben, Elternbriefe, Urkunden, Broschüren, Jubiläumsschrift ...

(2) Werbung und Öffentlichkeitsarbeit
Alle Medien, Plakate, Presseberichte, Schüler-/Schulzeitung, Anstecknadeln, Elterninformationen ...
(3) Außenwerbung
Außenschilder, Transparente, Fahnen, Schaukästen, Architektur, Innenraumgestaltung, Farbcodierung, Orientierungssystem, Schul- und Sportkleidung, Bandenwerbung, Verkehrsmittelwerbung ...
(4) Besondere Maßnahmen
Schulfeste, Ausstellungen, Basare, Werbegeschenke, Auftritte des Schulchores oder der Theatergruppe in anderen Einrichtungen und Organisationen ...

Signet-Entwicklung – Wie geht das?

Leider ist es noch häufig so, dass im Schulalltag unterschiedliche Gestaltungsformen verwendet werden, so im Briefkopf andere als auf den Stempeln, bei Plakaten andere als auf Urkunden. Ein typisches Erscheinungsbild mit Wiedererkennungseffekt gibt es in Schulen sehr selten. Unter dieser Uneinheitlichkeit leiden die Wirkungen nach außen, sie sind widersprüchlich, oft auch verwirrend und zerstören den Gesamteindruck.

Eine Signetentwicklung im Rahmen der Gestaltung des visuellen Erscheinungsbildes auf der Grundlage von CI kann auf verschiedene Weisen vorgenommen werden:

(1) „Kostenlose Möglichkeiten“
- Eigenentwicklung durch eine Arbeitsgruppe der Schule (PR-Berater, Kunstlehrer, Eltern, Schüler, Ehemalige, Sponsoren)
- Übernahme des Signets des Schulträgers (Stadt, Kreis, Kirche)
- Schulinterner Wettbewerb für Lehrer, Schüler, Eltern, Ehemalige und Förderer (VORSICHT! Professionalität hat Vorrang!)
- Suchen eines Sponsors (Werbeagentur, größere Firma, Partnerunternehmen)

(2) „Kostenintensive Möglichkeiten"

- Auftrag an eine Werbeagentur (Entwicklung eines Logos ab ca. 500-1000 € und mehr ... UNBEDINGT die Gebrauchsrechte des Designers offen besprechen!)

Tipp: Zur Gestaltung Ihres Erscheinungsbildes

Sie können diese Hinweise als Arbeitsgrundlage für die interne Gestaltung in Ihrer Schule benutzen, aber auch als Gesprächs- und Auftragsgrundlage für Ihre Vorstellungen, wenn Sie die Gestaltung an einen externen Grafiker/Designer vergeben.

Alle Designelemente sind nach diesen **Gestaltungsgrundsätzen**, die Sie noch spezifizieren müssen (drei bis fünf auswählen, eigene ergänzen), auszurichten und durch **Richtlinien für das Erscheinungsbild (Design Manual)**, die den genauen Gebrauch und Einsatz festlegen.

- **Einfach** ist verständlich und wirkungsvoll. (Zum Beispiel ist Redundanz umso wichtiger, je unspezifischer die Zielgruppe ist.)
- **Weniger** wirkt mehr. Mut zum freien Raum zeigt Stärke. (Zu viele Informationen verwirren und können nicht wahrgenommen werden.)
- **Farbig** wirkt besser, denn die Aufmerksamkeit und emotionale Ansprache ist größer. (Farbe als Assoziation zur Schularchitektur oder als Symbol für lebendiges Lernen verstärkt die Orientierung und Beziehung.)
- **Platziert** ist direkt im Blickpunkt und hebt sich vom Umfeld deutlicher ab. (Zum Beispiel ist die Gestaltfestigkeit aber wichtiger als die Platzierung.)
- **Direkt** spricht man die Zielgruppen erfolgreicher an. (Das heißt ohne Umwege und unwichtige Ergänzungen.)
- **Ansprechend** bringt Aufmerksamkeit und emotionale Akzeptanz bei den Zielgruppen. (Zum Beispiel Anreize, Spannungen, Dynamik, Identifikation, positive Vorstellungen, Vertrauen, Sicherheit ...)
- **Konzentriert** hebt die wesentlichen Aussagen heraus, die dadurch eine größere Wirkung bekommen. (Zum Beispiel Verdichtung, Vereinfachung, Beschränkung, Prägnanz, Gliederung, Auswahl, Gestaltfestigkeit, Gewichtung ...)

- **Kongruent** vermehrt den Wahrnehmungswert. (Text, Bild, Schrift und Farbe passen zueinander und erzeugen einen Synergieeffekt.)
- **Innovativ** schafft „Aha-Erlebnisse“, neue Bezüge und damit größere Wirkungen. (Innovationen und Kreativität dürfen aber nicht überfordern oder langweilen; Auffallen durch „Anders-Sein“, Aufbau eines eigenen Profils.)
- **Kontinuierlich** signalisiert Bekanntheit, Vertrauen und Identität. Zeigt Stärke durch Konzepte. (Eine Gesamtkonzeption erzeugt größere Wirkung und mehr Erfolg.)

Grundlagen des visuellen Erscheinungsbildes sind

- das Wort-Bild-Zeichen (Logo, Signet) als wichtigste Größe,
- die Grundsätze/Richtlinien (Bezug zum Schulprogramm/Schulkonzept) und
- das Corporate-Design-Manual (Layout, Farben, Schriftart ...).

Diese **„Minimalkonzeption“** umfasst Kommunikationsmittel, auf die keine Schule verzichten sollte. Im Bereich der internen und externen visuellen Kommunikation sind das folgende CI-Faktoren:

- Gestaltung aller Medien – Website, Plakate, Präsentationen, Broschüren ...
- Gestaltung von Unterrichtsmaterialien, Einsatz von Medien;
- Layout von Aushängen, Ankündigungen, Mitteilungen, Plakaten, Flyern, Aufklebern;
- Layout von Drucksachen (Geschäftsbriefen, Visitenkarten, Formularen, Schulbroschüren);
- Darstellung der Schule in der Öffentlichkeit, in der Presse und im Kontakt zu anderen Ansprechpartnern;
- Organisation von Schulveranstaltungen.

Als Entwicklungs- und Gütekriterien für das zentrale Wort-Bild-Zeichen (Logo) dienen die schulischen Leitbilder und Schulgrundsätze, d. h. dass das Erscheinungsbild der Schule auf diese Grundlage hin abgestimmt sein muss. Schulspezifische Designrichtlinien können die Qualität der Gesamterscheinung noch ergänzen und verbessern. Aus den möglichen Gestaltungskriterien sollten Sie eigene Schwerpunkte entsprechend auswählen und zusammenstellen.

Gestaltungskriterien für ein Wort-Bild-Zeichen (zur Entwicklung und Überprüfung)

(1) Hoher Aufmerksamkeitswert
- Anreiz,
- Blickfang,
- Signalwert,
- Abheben vom Umfeld,
- Besonderheit.

(2) Deutlicher Informationsgehalt
- Sachbezug,
- Transparenz,
- Symbolfunktion,
- Assoziationen,
- Dynamik,
- Aussagequalität.

(3) Berücksichtigung affektiver Qualitäten
- Auffälligkeiten,
- Motive, Interessen und Bedürfnisse,
- ästhetische Qualität,
- Gefühle,
- Wahrnehmungsorientierung.

(4) Eigene Profilbildung
- Akzente, Anreize,
- Unverwechselbarkeit,
- Prägnanz,
- Deutlichkeit,
- Erkennbarkeit,
- Eigenständigkeit.

(5) Vielseitiger Gebrauchswert
- Einsatzspektrum,
- Reproduzierbarkeit,
- Kontinuität,
- Verbindungen bei variabler Darstellung,
- Gesamterscheinungsbild,
- Konzeptionsorientierung.

Versuchen Sie diese aber nicht abzuarbeiten, sondern verstehen Sie das als einen Impuls, um entsprechend Ihres Bedarfes und Ihrer Vorstellung und Ihres Profils Anregungen zu bekommen. Unterscheiden Sie bei der Auswahl selbst nach muss, soll und kann – legen Sie inhaltliche, finanzielle und zeitliche Prioritäten, Zeiten und Verantwortlichkeiten fest und planen Sie kurz-, mittel- und langfristige Neuerungen und Erweiterungen/Ergänzungen ein.

Ausblick:
Wenn der gemeinsame Prozess der Öffentlichkeitsarbeit festgelegt ist, können Sie mit den Fragen aus der Abb. 14 Grundlagen für eine gute Öffentlichkeitsarbeit – Checkliste direkt weitermachen. Damit werden gezielt die grundlegenden Bereiche der Öffentlichkeitsarbeit angesprochen. Und Sie bekommen Impulse, was noch zu tun ist. Der strategische Prozess geht über in die Konzeptentwicklung, die alles miteinander vernetzt und in Gang hält. Behalten Sie dabei immer den Überblick, (vgl. Abb. 15) welche Bereiche Sie nach und nach weiter ausbauen, ergänzen und verbessern können ...

Grundlagen für eine gute Öffentlichkeitsarbeit - Checkliste

Machen sie als Schule eine professionelle und profilbildende Öffentlichkeitsarbeit, die nachhaltig die Qualität sichert? (Bewerten Sie den IST-Zustand mit Noten von 1 sehr gut bis 6 ungenügend) IST SOLL

Grundlagen für eine gute Öffentlichkeitsarbeit	Wie? Note	Wer? Namen	Wann? Termin
1. Schularchitektur: Wie ist unsere Schule gestaltet und ausgestattet? Lage, Gestaltung Schulgebäude und Schulhof, Ausstattung, Innenarchitektur, Eingang, Beschilderung, Aula, Mensa, Flure, Medienräume, Lehrerzimmer, Klassenräume...			
2. Schulentwicklungsprozess: Wie ist unser Identitätsprozess für Öffentlichkeitsarbeit organisiert? Motivation/Akzeptanz, Steuergruppe mit Auftrag, Zielen, Arbeitsprogramm, Projekt-Management, Engagement der Schulleitung...			
3. Ressourcen: Wie sind unsere Ressourcen für Öffentlichkeitsarbeit? Budget, Schulträgerunterstützung, Förderverein, Sponsoring, Kooperationen mit Unternehmen/Agenturen, Netzwerke, Kompetenzen im Kollegium/in Elternschaft...			
4. Konzeptentwicklung: Wie ist unser Konzept für Öffentlichkeitsarbeit? Vernetzung zum Schulprogramm, Struktur mit Leitzielen, Qualitätsstandards, Alleinstellung, Schulprofil als Marke, Slogan, Positionierung/Marketing im Wettbewerb...			
5. Corporate Design: Wie ist unser grafisches Erscheinungsbild? Logo/Wort-Bild-Zeichen, Schulfarbe, Schriftart, Layout, Konzept, Gestaltungsrichtlinien, Wiedererkennung...			
6. Corporate Communication: Wie ist unsere Kommunikation nach außen? Zielgruppenansprache, Richtlinien, Printmedien, Homepage, Ausstellungen, Tag der offenen Tür, Pressearbeit...			
7. Corporate Behavior: Wie ist unser Verhalten nach außen? Schulkultur nach außen, Werte und Verhaltensweisen/Auftreten der Lehrer- und Schülerschaft, der Eltern, Schulleben...			
8. Qualitätssicherung: Wie ist die Qualität unserer Öffentlichkeitsarbeit? Reflexion, Controlling, Evaluation, Soll-Ist-Vergleich, Erfolgsmessung, Befragungen, Zertifizierung, KVP...			
Ein gutes Image als Ansehen der Schule und ein gutes Schulprofil zur Positionierung im Wettbewerb setzen sich aus unterschiedlichen Kriterien zusammen, die ganzheitlich vernetzt ein Gesamtbild der Schule ergeben. Außen- und Innenwirkung der Schule sind immer eine Einheit - untrennbare Wechselwirkungen, die sich gegenseitig bedingen und ergänzen.			

Abb. 14: Grundlagen für eine gute Öffentlichkeitsarbeit – Checkliste

Abb. 15: Was ist Schulmarketing?

DER AUTOR

Gerhard Regenthal
ist Leiter und Inhaber der Corporate Identity Akademie Braunschweig und arbeitet als Management-Trainer, Schulberater und Autor zahlreicher Veröffentlichungen.

Gerhard Regenthal studierte Sozialwissenschaften und Wirtschaftswissenschaften. Als Lehrbeauftragter an der Hochschule für Bildende Künste Braunschweig im Fachbereich Design, als CI-Berater, CI-Berater-Ausbilder und Autor zahlreicher Veröffentlichungen und CI-Lehrbücher hat er in Europa das Konzept Corporate Identity mit praxisorientierten Anleitungen für einen ganzheitlichen CI-Prozess zur erfolgreichen Profilierung von Organisationen nach innen und außen weiterentwickelt und auch auf Schulen erfolgreich übertragen.

Seine Arbeitsschwerpunkte als gefragter Management-Trainer und Schulberater umfassen ein breites Leistungsspektrum, das alle Maßnahmen und Aktivitäten einer Organisation im Rahmen der Corporate Identity sinnvoll aufeinander abstimmt. Konkrete Schulberatung und schulspezifische Veranstaltungen werden in allen Bundesländern und Schulformen und auch in regionalen Projekten seit über 35 Jahren durchgeführt.

LITERATURHINWEISE

Regenthal, Gerhard: Corporate Identity an Ganztagsschulen. Schwalbach 2006.

Regenthal, Gerhard: Ganzheitliche Corporate Identity. Profilierung von Identität und Image, Wiesbaden 2. Auflage 2009.

Regenthal, Gerhard & Jan Schütte (Hrsg.): Handbuch Öffentlichkeitsarbeit macht Schule, Köln ab 2009.

Regenthal, Gerhard: Profilierung der selbstverantwortlichen Schule. Professionelles Schulleitungsmanagement nach innen und außen. Kronach 2013.

Regenthal, Gerhard: Schulentwicklungsplanung II – Schulkonzept – Weiterentwicklung des Schulprogramms zum zukunftsorientierten Gesamtkonzept. Köln 2014.

Regenthal, Gerhard: Imagekonzepte. Positionierung, Präsentation und Profilierung der Schule im Wettbewerb. Köln 2015.

Regenthal, Gerhard: Schulmanagement kompakt. Professionelle Praxishilfen zur Entlastung im Schulalltag. Köln 2017.